心一堂術數古籍珍本叢刊

書名：簡易相法秘傳

系列：心一堂術數古籍珍本叢刊 相術類 無常玄空珍秘系列 第三輯 322

作者：【民國】上海星相研究社編

主編、責任編輯：陳劍聰

心一堂術數古籍珍本叢刊編校小組：陳劍聰 素聞 鄒偉才 虛白盧主 丁鑫華

出版：心一堂有限公司

通訊地址：香港九龍旺角彌敦道六一〇號荷李活商業中心十八樓〇五一〇六室

深港讀者服務中心·中國深圳市羅湖區立新路六號羅湖商業大廈負一層〇〇八室

電話號碼：(852)9027-7110

網址：publish.sunyata.cc

電郵：sunyatabook@gmail.com

網店：http://book.sunyata.cc

淘寶店地址：https://sunyata.taobao.com

微店地址：https://weidian.com/s/1212826297

臉書：https://www.facebook.com/sunyatabook

讀者論壇：http://bbs.sunyata.cc/

版次：二零二零年七月初版

平裝

國際書號：ISBN 978-988-8583-27-0

定價： 港幣 一百零八元正
新台幣 四百五十二元正

香港發行：香港聯合書刊物流有限公司

地址：香港新界大埔汀麗路36號中華商務印刷大廈3樓

電話號碼：(852)2150-2100

傳真號碼：(852)2407-3062

電郵：info@suplogistics.com.hk

台灣發行：秀威資訊科技股份有限公司

地址：台灣台北市內湖區瑞光路七十六巷六十五號一樓

電話號碼：+886-2-2796-3638

傳真號碼：+886-2-2796-1377

網絡書店：www.bodbooks.com.tw

台灣秀威書店讀者服務中心：

地址：台灣台北市中山區松江路二〇九號一樓

電話號碼：+886-2-2518-0207

傳真號碼：+886-2-2518-0778

網絡書店：http://www.govbooks.com.tw

中國大陸發行 零售：深圳心一堂文化傳播有限公司

深圳地址：深圳市羅湖區立新路六號羅湖商業大廈負一層〇〇八室

電話號碼：(86)0755-82224934

心一堂微店二維碼

心一堂淘寶店二維碼

心一堂術數古籍 珍本 整理 叢刊 總序

術數定義

術數，大概可謂以「推算（推演）、預測人（個人、群體、國家等）、事、物、自然現象、時間、空間方位等規律及氣數，並或通過種種『方術』，從而達致趨吉避凶或某種特定目的」之知識體系和方法。

術數類別

我國術數的內容類別，歷代不盡相同，例如《漢書‧藝文志》中載，漢代術數有六類：天文、曆譜、五行、蓍龜、雜占、形法。至清代《四庫全書》，術數類則有：數學、占候、相宅相墓、占卜、命書、相書、陰陽五行、雜技術等，其他如《後漢書‧方術部》、《藝文類聚‧方術部》、《太平御覽‧方術部》等，對於術數的分類，皆有差異。古代多把天文、曆譜、及部分數學均歸入術數類，而民間流行亦視傳統醫學作為術數的一環；此外，有些術數與宗教中的方術亦往往難以分開。現代民間則常將各種術數歸納為五大類別：命、卜、相、醫、山，通稱「五術」。

本叢刊在《四庫全書》的分類基礎上，將術數分為九大類別：占筮、星命、相術、堪輿、選擇、三式、讖諱、理數（陰陽五行）、雜術（其他）。而未收天文、曆譜、算術、宗教方術、醫學。

術數思想與發展——從術到學，乃至合道

我國術數是由上古的占星、卜筮、形法等術發展下來的。其中卜筮之術，是歷經夏商周三代而通過「龜卜、蓍筮」得出卜（筮）辭的一種預測（吉凶成敗）術，之後歸納並結集成書，此即現傳之《易

經》。經過春秋戰國至秦漢之際，受到當時諸子百家的影響、儒家的推崇，遂有《易傳》等的出現，原本是卜筮術書的《易經》，被提升及解讀成有包涵「天地之道（理）」之學。因此，《易·繫辭傳》曰：「易與天地準，故能彌綸天地之道。」

漢代以後，易學中的陰陽學說，與五行、九宮、干支、氣運、災變、律曆、卦氣、讖緯、天人感應說等相結合，形成易學中象數系統。而其他原與《易經》本來沒有關係的術數，如占星、形法、選擇，亦漸漸以易理（象數學說）為依歸。《四庫全書·易類小序》云：「術數之興，多在秦漢以後。要其旨，不出乎陰陽五行，生尅制化。實皆《易》之支派，傳以雜說耳。」至此，術數可謂已由「術」發展成「學」。

及至宋代，術數理論與理學中的河圖洛書、太極圖、邵雍先天之學及皇極經世等學說給合，通過術數以演繹理學中「天地中有一太極，萬物中各有一太極」（《朱子語類》）的思想。術數理論不單已發展至十分成熟，而且也從其學理中衍生一些新的方法或理論，如《梅花易數》、《河洛理數》等。

在傳統上，術數功能往往不止於僅作為趨吉避凶的方術，及「能彌綸天地之道」的學問，亦有其「修心養性」的功能，「與道合一」（修道）的內涵。《素問·上古天真論》：「上古之人，其知道者，法於陰陽，和於術數。」數之意義，不單是外在的算數、歷數、氣數，而是與理學中同等的「道」、「理」——心性的功能，北宋理氣家邵雍對此多有發揮：「聖人之心，是亦數也」、「萬化萬事生乎心」、「心為太極」。《觀物外篇》：「先天之學，心法也。……蓋天地萬物之理，盡在其中矣，心一而不分，則能應萬物。」反過來說，宋代的術數理論，受到當時理學、佛道及宋易影響，認為心性本質上是等同天地之太極。天地萬物氣數規律，能通過內觀自心而有所感知，即是內心也已具備有術數的推演及預測、感知能力；相傳是邵雍所創之《梅花易數》，便是在這樣的背景下誕生。

《易·文言傳》已有「積善之家，必有餘慶；積不善之家，必有餘殃」之說，至漢代流行的災變說及讖緯說，我國數千年來都認為天災，異常天象（自然現象），皆與一國或一地的施政者失德有關；下

至家族、個人之盛衰，也都與一族一人之德行修養有關。因此，我國術數中除了吉凶盛衰理數之外，人心的德行修養，也是趨吉避凶的一個關鍵因素。

術數與宗教、修道

在這種思想之下，我國術數不單只是附屬於巫術或宗教行為的方術，又往往是一種宗教的修煉手段—通過術數，以知陰陽，乃至合陰陽（道）。「其知道者，法於陰陽，和於術數。」例如，「奇門遁甲」術中，即分為「術奇門」與「法奇門」兩大類。「法奇門」中有大量道教中符籙、手印、存想、內煉的內容，是道教內丹外法的一種重要外法修煉體系。甚至在雷法一系的修煉上，亦大量應用了術數內容。此外，相術、堪輿術中也有修煉望氣（氣的形狀、顏色）的方法；堪輿家除了選擇陰陽宅之吉凶外，也有道教中選擇適合修道環境（法、財、侶、地中的地）的方法，以至通過堪輿術觀察天地山川陰陽之氣，亦成為領悟陰陽金丹大道的一途。

易學體系以外的術數與的少數民族的術數

我國術數中，也有不用或不全用易理作為其理論依據的，如揚雄的《太玄》、司馬光的《潛虛》。也有一些占卜法、雜術不屬於《易經》系統，不過對後世影響較少而已。

外來宗教及少數民族中也有不少雖受漢文化影響（如陰陽、五行、二十八宿等學說。）但仍自成系統的術數，如古代的西夏、突厥、吐魯番等占卜及星占術，藏族中有多種藏傳佛教占卜術、苯教占卜術；北方少數民族有薩滿教占卜術；不少少數民族如水族、白族、布朗族、佤族、彝族、苗族等，皆有占雞（卦）草卜、雞蛋卜等術，納西族的占星術、占卜術，彝族畢摩的推命術、占卜術……等等，都是屬於《易經》體系以外的術數。相對上，外國傳入的術數以及其理論，對我國術數影響更大。

曆法、推步術與外來術數的影響

我國的術數與曆法的關係非常緊密。早期的術數中，很多是利用星宿或星宿組合的位置（如某星在某州或某宮某度）付予某種吉凶意義，并據之以推演，例如歲星（木星）、月將（某月太陽所躔之宮次）等。不過，由於不同的古代曆法推步的誤差及歲差的問題，若干年後，其術數所用之星辰的位置，已與真實星辰的位置不一樣了；此如歲星（木星），早期的曆法及術數以十二年為一周期（以應地支），與木星真實週期十一點八六年，每幾十年便錯一宮。後來術家又設一「太歲」的假想星體來解決，是歲星運行的相反，週期亦剛好是十二年。而術數中的神煞，很多即是根據太歲的位置而定。又如六壬術中的「月將」，原是立春節氣後太陽躔娵訾之次而稱作「登明亥將」，至宋代，因歲差的關係，要到雨水節氣後太陽才躔娵訾之次，當時沈括提出了修正，但明清時六壬術中「月將」仍然沿用宋代沈括修正的起法沒有再修正。

由於以真實星象周期的推步術是非常繁複，而且古代星象推步術本身亦有不少誤差，大多數術數除依曆書保留了太陽（節氣）、太陰（月相）的簡單宮次計算外，漸漸形成根據干支、日月等的各自起例，以起出其他具有不同含義的眾多假想星象及神煞系統。唐宋以後，我國絕大部分術數都主要沿用這一系統，也出現了不少完全脫離真實星象的術數，如《子平術》、《紫微斗數》、《鐵版神數》等。後來就連一些利用真實星辰位置的術數，如《七政四餘術》及選擇法中的《天星選擇》，也已與假想星象及神煞混合而使用了。

隨着古代外國曆（推步）、術數的傳入，如唐代傳入的印度曆法及術數，元代傳入的回回曆等，其中我國占星術便吸收了印度占星術中羅睺星、計都星等而形成四餘星，又通過阿拉伯占星術而吸收了其中來自希臘、巴比倫占星術的黃道十二宮、四大（四元素）學說（地、水、火、風），並與我國傳統的二十八宿、五行說、神煞系統並存而形成《七政四餘術》。此外，一些術數中的紫微星名，不用我國傳統的星名：天樞、天璇、天璣、天權、玉衡、開陽、搖光，而是使用來自印度梵文所譯的：貪狼、巨

門、祿存、文曲、廉貞、武曲、破軍等，此明顯是受到唐代從印度傳入的曆法及占星術所影響。如星命術中的《紫微斗數》及堪輿術中的《撼龍經》等文獻中，其星皆用印度譯名。及至清初《時憲曆》，置閏之法則改用西法「定氣」。清代以後的術數，又作過不少的調整。

此外，我國相術中的面相術、手相術，唐宋之際受印度相術影響頗大，至民國初年，又通過翻譯歐西、日本的相術書籍而大量吸收歐西相術的內容，形成了現代我國坊間流行的新式相術。

陰陽學——術數在古代、官方管理及外國的影響

術數在古代社會中一直扮演着一個非常重要的角色，影響層面不單只是某一階層、某一職業、某一年齡的人，而是上自帝王，下至普通百姓，從出生到死亡，不論是生活上的小事如洗髮、出行等，大事如建房、入伙、出兵等，從個人、家族以至國家，從天文、氣象、地理到人事、軍事，從民俗、學術到宗教，都離不開術數的應用。我國最晚在唐代開始，已把以上術數之學，稱作陰陽（學），行術數者稱陰陽人。（敦煌文書、斯四三二七唐《師師漫語話》：「以下說陰陽人謾語話」，此說法後來傳入日本，今日本人稱行術數者為「陰陽師」）。一直到了清末，欽天監中負責陰陽術數的官員中，以及民間術數之士，仍名陰陽生。

古代政府的中欽天監（司天監），除了負責天文、曆法、輿地之外，亦精通其他如星占、選擇、堪輿等術數，除在皇室人員及朝庭中應用外，也定期頒行日書、修定術數，使民間對於天文、日曆用事吉凶及使用其他術數時，有所依從。

我國古代政府對官方及民間陰陽學及陰陽官員，從其內容、人員的選拔、培訓、認證、考核、律法監管等，都有制度。至明清兩代，其制度更為完善、嚴格。

宋代官學之中，課程中已有陰陽學及其考試的內容。（宋徽宗崇寧三年〔一一零四年〕崇寧算學令：「諸學生習……並曆算、三式、天文書。」「諸試……三式即射覆及預占三日陰陽風雨。天文即預

定一月或一季分野災祥，並以依經備草合問為通。」

金代司天臺，從民間「草澤人」（即民間習術數人士）考試選拔：「其試之制，以《宣明曆》試推步，及《婚書》、《地理新書》試合婚、安葬，並《易》筮法，六壬課、三命、五星之術。」（《金史》卷五十一·志第三十二·選舉一）

元代為進一步加強官方陰陽學對民間的影響、管理、控制及培育，除沿襲宋代、金代在司天監掌管陰陽學及中央的官學陰陽學課程之外，更在地方上增設陰陽學課程（《元史·選舉志一》：「世祖至元二十八年夏六月始置諸路陰陽學。」）地方上也設陰陽學教授員，培育及管轄地方陰陽人。（《元史·選舉志一》：「（元仁宗）延祐初，令陰陽人依儒醫例，於路、府、州設教授員，凡陰陽人皆管轄之，而上屬於太史焉。」）自此，民間的陰陽術士（陰陽人），被納入官方的管轄之下。

至明清兩代，陰陽學制度更為完善。中央欽天監掌管陰陽學，明代地方縣設陰陽學正術，各州設陰陽學典術，各縣設陰陽學訓術。陰陽人從地方陰陽學肄業或被選拔出來後，再送到欽天監考試。（《大明會典》卷二二三：「凡天下府州縣舉到陰陽人堪任正術等官者，俱從吏部送（欽天監），考中，送回選用；不中者發回原籍為民，原保官吏治罪。」）清代大致沿用明制，凡陰陽術數之流，悉歸中央欽天監及地方陰陽官員管理、培訓、認證。至今尚有「紹興府陰陽印」、「東光縣陰陽學記」等明代銅印，及某縣某某之清代陰陽執照等傳世。

清代欽天監漏刻科對官員要求甚為嚴格。《大清會典》「國子監」規定：「凡算學之教，設肄業生。滿洲十有二人，蒙古、漢軍各六人，於各旗官學內考取。漢十有二人，於舉人、貢監生童內考取。附學生二十四人，由欽天監選送。教以天文演算法諸書，五年學業有成，舉人引見以欽天監博士用，貢監生童以天文生補用。」學生在官學肄業、貢監生肄業或考得舉人後，經過了五年對天文、算法、陰陽學的學習，其中精通陰陽術數者，會送往漏刻科。而在欽天監供職的官員，《大清會典則例》「欽天監」規定：「本監官生三年考核一次，術業精通者，保題升用。不及者，停其升轉，再加學習。如能黽

勉供職，即予開復。仍不及者，降職一等，再令學習三年，能習熟者，准予開復，仍不能者，黜退。」

《大清律例・一七八・術七・妄言禍福》中對陰陽術士不準確的推斷（妄言禍福）是要治罪的。

《大清律例》：「凡陰陽術士，不許於大小文武官員之家妄言禍福，違者杖一百。其依經推算星命卜課，不在禁限。」大小文武官員延請的陰陽術士，自然是以欽天監漏刻科官員或地方陰陽官員為主。

官方陰陽學制度也影響鄰國如朝鮮、日本、越南等地，一直到了民國時期，鄰國仍然沿用著我國的多種術數。而我國的漢族術數，在古代甚至影響遍及西夏、突厥、吐蕃、阿拉伯、印度、東南亞諸國。

術數研究

術數在我國古代社會雖然影響深遠，「是傳統中國理念中的一門科學，從傳統的陰陽、五行、九宮、八卦、河圖、洛書等觀念作大自然的研究。……傳統中國的天文學、數學、煉丹術等，要到上世紀中葉始受世界學者肯定。可是，術數還未受到應得的注意。術數在傳統中國科技史、思想史、文化史、社會史，甚至軍事史都有一定的影響。……更進一步了解術數，我們將更能了解中國歷史的全貌。」（何丙郁《術數、天文與醫學中國科技史的新視野》，香港城市大學中國文化中心。）

可是術數至今一直不受正統學界所重視，加上術家藏秘自珍，又揚言天機不可洩漏，「（術數）乃吾國科學與哲學融貫而成一種學說，數千年來傳衍嬗變，或隱或現，全賴一二有心人為之繼續維繫，賴以不絕，其中確有學術上研究之價值，非徒癡人說夢，荒誕不經之謂也。其所以至今不能在科學中成立一種地位者，實有數因。蓋古代士大夫階級目醫卜星相為九流之學，多恥道之；而發明諸大師又故為惝恍迷離之辭，以待後人探索；間有一二賢者有所發明，亦秘莫如深，既恐洩天地之秘，復恐譏為旁門左道，始終不肯公開研究，成立一有系統說明之書籍，貽之後世。故居今日而欲研究此種學術，實一極困難之事。」（民國徐樂吾《子平真詮評註》，方重審序）

現存的術數古籍，除極少數是唐、宋、元的版本外，絕大多數是明、清兩代的版本。其內容也主要是明、清兩代流行的術數，唐宋或以前的術數及其書籍，大部分均已失傳，只能從史料記載、出土文獻、敦煌遺書中稍窺一鱗半爪。

術數版本

坊間術數古籍版本，大多是晚清書坊之翻刻本及民國書賈之重排本，其中豕亥魚魯，或任意增刪，往往文意全非，以至不能卒讀。現今不論是術數愛好者，還是民俗、史學、社會、文化、版本等學術研究者，要想得一常見術數書籍的善本、原版，已經非常困難，更遑論如稿本、鈔本、孤本等珍稀版本。

在文獻不足及缺乏善本的情況下，要想對術數的源流、理法、及其影響，作全面深入的研究，幾不可能。

有見及此，本叢刊編校小組經多年努力及多方協助，在海內外搜羅了二十世紀六十年代以前漢文為主的術數類善本、珍本、鈔本、孤本、稿本、批校本等數百種，精選出其中最佳版本，分別輯入兩個系列：

一、心一堂術數古籍珍本叢刊
二、心一堂術數古籍整理叢刊

前者以最新數碼（數位）技術清理、修復珍本原本的版面，更正明顯的錯訛，部分善本更以原色彩色精印，務求更勝原本。并以每百多種珍本、一百二十冊為一輯，分輯出版，以饗讀者。

後者延請、稿約有關專家、學者，以善本、珍本等作底本，參以其他版本，古籍進行審定、校勘、注釋，務求打造一最善版本，方便現代人閱讀、理解、研究等之用。

限於編校小組的水平，版本選擇及考證、文字修正、提要內容等方面，恐有疏漏及舛誤之處，懇請方家不吝指正。

心一堂術數古籍　珍本　叢刊編校小組

二零零九年七月序
二零一四年九月第三次修訂

簡易相法秘訣目錄

簡易相法秘訣

第一章 相法總論

上海星相研究社編輯

▲相術緒言

相人之法創自唐虞以上至周秦以後其道大昌觀於管輅見趙顏面相短壽而憐其純孝性成明示以借壽之法其說似近迷信科學家必嗤為怪誕然而孔子生異相四十九表（註曰孔子四十九異表卽反首注面月角日準河目海口龍顙蚪唇昌顏均頤輔喉駢齒龍形龜脊虎掌胼脅參膺圩頂山臍林背翼臂注頭阜脥堤眉地足谷竅雷聲澤腹脩上短下未僂後耳面如蒙俱手垂過膝耳垂珠庭眉有一十二彩目有六十四里「其備周天易理而能知往知來」立如鳳峙坐如龍蹲手握天文足覆度字望之如仆就之如昇視營四海躬履謙讓身長九尺六寸腰大十圍胸有文曰制作定世守）見於家語

如來具三十二相八十種好。（註曰、如來三十二好相一相種百福其相卽表法身足安平如輪輻十指纖長手足柔軟四肢縵網足跟滿足足趺高起腨「如鹿王手過膝馬陰藏身縱廣毛孔生青色毫毛向上靡身色如金石身光週一丈皮膚細膩七處平滿兩腋平滿身如獅子身端直肩圓滿肩四十白淨齊密四牙最白頰車如獅津液多咮如甘露廣長舌梵音深遠眼色如金精睫毛如牛王眉間生白毫頂肉高如髻）載諸貝葉原文自屬信而有徵

要知相術前賢用以指人迷路令人趨吉避凶者也。如有喪陰隲者。點破晦昧使之修省歸正有困頓無策計不欲生者示其後祿使之免生短見有應遭刑戮相者勸其戒性從善可免惡難有現兇惡煞紋者

相法秘傳 第一章 相法總論

指點其安分避災有現陰德氣色者預獎其天爵而
修福有沈湎酒色而近於死者指示其修本固原以
延年益壽由是以言相術實爲有功世道之見惜乎
前賢著述之相書流傳日久自元泝明眞傳口訣已
失泰半兼之翻版刊印魯魚亥豕舛誤百出部位刊
錯則差以毫釐謬以千里所以談相者盛行相得準
確者無幾也此非後學之資質愚魯與不下苦功研
人書當世所公認之四大名著一曰麻衣相法（麻
衣爲希夷之師希夷爲五代時人陳摶之賜號麻衣
於峯山石室中劃爐灰以授其相術故有石室神異
賦一篇確爲麻衣傳惜乎工詞藻而少實用至於
麻衣神相編大半搜集他人著作併而成非盡麻
衣眞傳祕決也）二曰柳莊相法（按柳莊爲明代
袁忠復之別號乃是明初之名相家專與王侯將相
往來故有永樂百問論理雖精與普通人不甚合用
）三曰神相鐵關刀（是書爲江右大安山華陽寺

僧別號雲谷山人所著初本不知相得異人授以洩
天機一書潛窺半載始通相人法遂挾術遍游四方
易名鐵關刀爲人談相前後不爽毫釐人咸稱之曰
神相鐵關刀卽以之爲著述之題名）四曰水鏡集
（爲淸初海昌范歸號文元者所著並非術士喜觀
相人書以孝義聞於鄉不幸以明史案被累入獄當
道憐其孝行未加株連出獄後力行善事廣積陰功
竟獲多壽多男之福特著水鏡集以行世）立論各
有所長亦多相同處予應中央書店之請編輯是書
選擇四大名著之精華冶爲一爐正其刊誤聊供世
之同好者之借鑑耳

△△江湖四相

古時相法並無派別執此業者大抵屬飽學貧士飢
寒驅人遂挾相術以資餬口其術較精降至近世流
爲江湖末技切口謂之斬盤操此業者都屬略通文
義之失業游民購一種相法書翻閱若干日記憶力
强而讀書稍多者自可全部了解記憶力弱而讀書

不多者祇能了解全書十之二三。於是相者遂有派別之分，其別有四，卽、挂張、搶巾、摸骨、量手是也，此四者爲時下風行之相法，就上海而論，巳覺市區際地間，觸目皆是，因其學習容易，設備簡單，於是是則是效，比較算命卜易多出幾倍矣。雖則其術不精，却爲江湖上一種謀生之捷徑，用是分論如下。

一挂張相　挂張者何，卽於門前牆角懸挂一幅方面大耳之半身畫像也。畫法隨時代而變易，以前用紅頂花領，現在都畫大禮服或是西裝，此種相面居四者之首，排場之闊狹，視其人手頭之有無而定。上焉者傲居爵祿東方飯店中，專爲過往官商看相，相金起碼兩元，多至十元二十元，中爲者寄居中等旅館門口，揭示某某貴人之照片或畫像，附加說明，此爲挂張之別開生面者，相金以一元爲最普通，下焉者或租廟宇一席地，租金按日計算，或於行人往來最多之地，懸一布幅畫像於牆陰屋角間，相金少至四角，多至六角，此三者之本領大有高下之分。賃居大飯店之上等挂張相面，必要有眞實本領，對於痲衣柳莊水鏡鐵關刀等相書中之歌賦秘訣，須要熟讀牢記，還須精通江湖術語，此所謂經八法，所以寄居大飯店大旅社，專爲找尋過往之達官巨賈，偶然相遇，先與之作寒暄，延入房間中坐定，觀其面相，卽用一二江湖術語，說得要準確，此非有眞本領不可。達官巨賈之論相，被其一言道着癢處，勢必追問，究竟於是生意成功，雖則旅費較大，一日苟有二三人看相，卽能糊口矣。中等挂張相面，半賴眞本領，半賴江湖術語，下等挂張相面，全憑江湖術語，見人經過，卽笑語之曰，尊駕土星生得如此隆厚，早該大發其財，惜乎面上氣色不甚好看，只怕福未至而禍先來，過路人聞此數語，若然止步接談，生意必定成功，只怕置若罔聞。

二搶巾相　此種相面全無眞實本領，每當下午四五點鐘，擇鬧中取靜之市街寬闊處，兀立其間挂張，有用有不用，見有商人走過，出其不意搶取其人手

相法祕傳　第一章　相法總論

中之白絲巾故曰搶巾相待人伸手向之索還卽執

其手爲之看手相一面還其巾一面連說看手分文

不取幷用江湖訣道着其癢處待其人出言詢問交

易成功於是憑三寸不爛之舌說得天花亂墜引動

旁觀者仰出手來請其觀看則生意接續而來

三摸骨相　此三字乃江湖術士異想天開獨樹一

幟自稱摸骨神相實則毫無眞本領並且不通文義

不能熟讀麻衣相法等書爲飢寒所迫不得已巧立

名目迎合人之好奇心按其實祇有十五句口訣

據神相鐵關刀中之相骨秘訣而來甚至有不識字

者亦賴此以騙錢餬口可笑亦可憐也江湖相術中

最易學習者惟有此法茲將摸骨相口訣錄左此係

江湖相法準不準不知也

玉枕骨（卽腦後骨諸家相法中都有之）高正

者主富貴雙全平陷者主貧賤　　頭壳頭兩邊凸

出者主聰明富厚　　鼻梁如竹節者剋子低塌者

夫婦不睦　　顴骨高聳者男主掌權女主剋夫平

塲者心無主宰顴骨斜出謂之腦後見腮主待人

刻薄無情喉骨圓而小者百歲安閒尖而大者一

生勞碌　　耳輪脆骨呆板者聰明多智活動者生

性狂傲　　頸骨下連胸肋骨平鋪而不凹凸者一

生安樂　　臀骨高起者富貴悠久低陷者終身貧

賤　　指骨纖長主聰明粗短主愚鈍　　臂骨粗者

力強細者力弱　　脚骨薄者主勞碌厚者主安逸

四量手相　　手相相法書中論手分八卦五行彚及掌

紋而以手之長短分貧賤富貴者祇有當世一知半

解之江湖相士美其名曰量手相効其實際與摸骨

相彷彿毫無相人學問祇憑幾句江湖訣以自欺欺

人耳操此業者方外居多全無排塲設備兀立於鬧

中取靜之牆陰屋角間指帶小銅尺一根長約二尺

許之粗絲線一根布軸一幅畫二三十只手形於其

上懸挂牆上傍拈幾紙相手訣單量手指長短定一

生之榮辱掌紋面相都置之不問實因不識部位紋

四

一〇

理只好熟視無睹相法安有如此容易在若輩亦有量手畫為證並非刻本係向師父或同道中抄寫而來憑無價值之杜撰死書判斷大同小異之活手猶不細看指掌紋而能一量長短可知其人之貧富貴賤天下甯有是理祇因其法簡單即目不識丁之無業游民亦可學習可稱為最簡捷之江湖相法故將量手相口訣八條照錄如下

量手法分男左女右祇憑一手五指之長短分貧賤本來手指長短兩手相同無煩兩手皆量

五指長九寸三分主位至公侯富埒敵國。 九寸二分主作富家翁埒與鄧通和嶠媲美。 九寸一分主小康而有聲於社會。 九寸零主享妻財子祿

八寸九分主衣食無虧財來財去僅足溫飽

八寸八分寄人籬下得免窮困 八寸七分奔波勞碌時虞窘迫 八寸六分生性愚笨常處逆境 八寸五分以下劣多優少貧賤者多不免當面直言例用江湖訣亂談幾句此種相法祇可騙

下愚不可欺中資上流社會中人見之都嗤之以鼻若輩亦不敢視作主顧也予照錄摸骨量手兩口訣並非供人學習聊資參致而已

▲相圖舉要

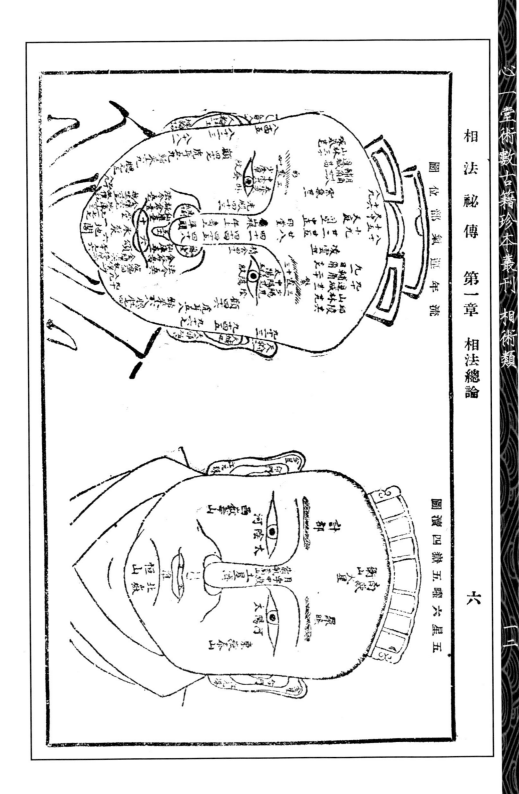

圖位部氣運年流

圖讀四嶽五曜六星五

六

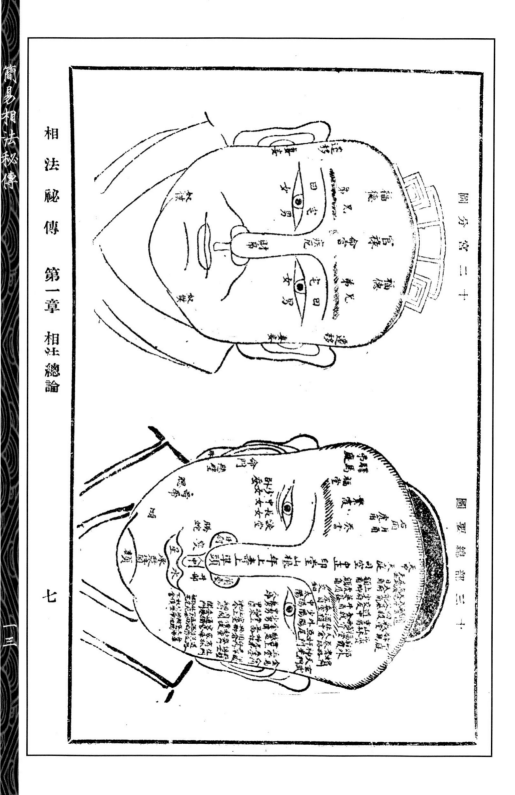

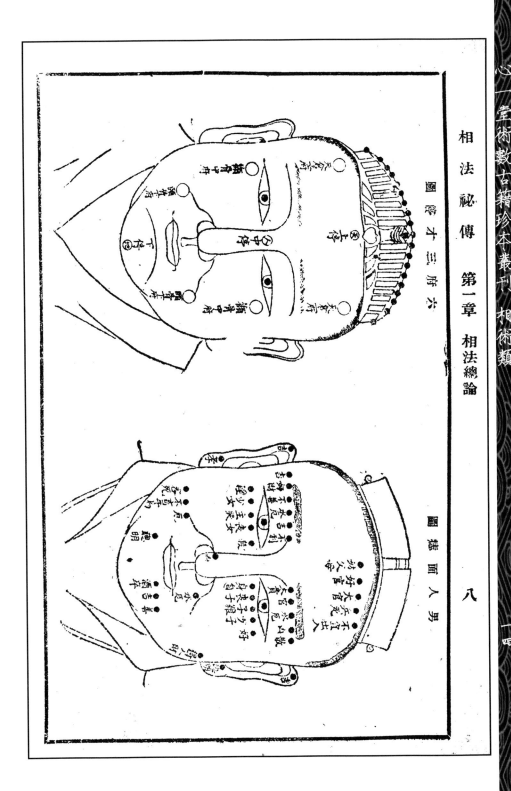

圖傳才三府六

圖相面人男

八

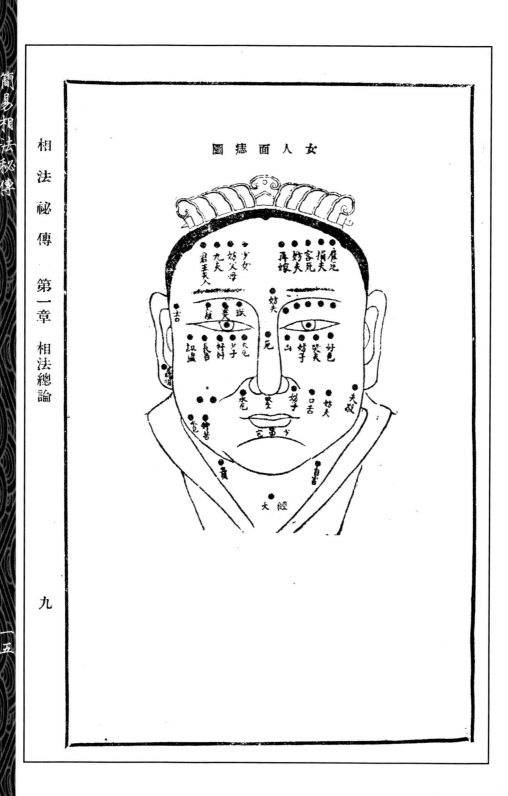

相法秘傳　第一章　相法總論

九

簡易相法秘傳

一五

第二章　相術歌訣

▲五形定局訣。

觀相之法。先辨面上部位及星曜嶽瀆六府三才三
停十二宮。全在面部有圖可按容易辨別。惟形格定
局變化無窮且爲相法之樞要所以名相家看相先
審形格凡相有肥瘦先後之不同難作形格之佐證
惟有掌定在先天自少至老不能移易是故求形必
先求掌乃爲其種子若憑肥瘦定人形格差之遠矣。
況金木水火土五行之體俱有肥瘦如金形若石石
有大小輕重之分木形若樹樹有清秀凝濁之別火
有太陽燈燭之分水有江海池沼之別土有山岡邱
阜之殊此爲成形之相尙不能以肥瘦作佐證無氣
格者更不足道矣惟有相掌定五形格局庶無錯誤
此法麻衣柳莊皆忽略視之惟有雲谷山人（即鐵
關刀）論之甚詳茲錄其歌訣如下。

一木形掌瘦指長紋多。　如面色紅暴帶火額高面

鼻俱長者。是木火通明之格。　如面色白形帶小
方而頭圓者是帶金如面黑唇紅紋深而毛光黑
者是帶水。　如掌厚身肥頭平鼻豐而面青黃者
是帶土。
訣曰掌瘦指長頸又長鼻長身瘦腰略窄眉疏鬚
疏髮亦疏聲音清脆方合格行動飄逸身仍定耳
白唇紅額又高兩眼有神分黑白便是木形富貴
人。

二、土形掌方厚指方短八卦現　如頭平地角方鼻
大身胖肉實不露筋骨是土之正格　如面紅頭
尖是帶火面尖瘦是帶水面圓色白是帶金面上
朧腫色黑是帶水
訣曰頭平頂正鼻頤豐地閣朝元方正宗枕骨平
橫面黃赤背腰平厚腹垂洪頭短掌方足背厚聲
沈耳厚髮眉濃眼長額起面田字五岳相朝富貴

三、金形掌圓厚色澤潤指節圓。如頭圓面微方而色白者正格也面色紅是帶火面黑是帶水面黃是帶土面瘦青是帶木

訣曰頭面皆圓耳色白齒白唇紅身不黑骨肉調勻鬚髮疎腹圓背厚聲清亮掌平方厚額骨高胸平有肉肥合格行動身體不輕浮便是金形眞貴格。

四、火形掌瘦指尖露筋骨掌疎。如面赤髮焦眼赤全火也面青帶水頭骨太重而面圓是帶金面方厚色黃是帶土。

訣曰頭尖肉紅性又急髮焦鬚黃鼻露骨額尖骨露眼睛紅眉上火毛胸帶突掌尖而薄且露筋行動身搖耳尖拂聲音微破額孤高唇超露齒火形實。

五、水形掌肉浮脹軟滑不露節微露筋指短而圓如面浮脹身肉浮胖色黑而眼露者正格也如面

紅是帶火面白是帶金面黃是帶土面瘦小多鬚髮者是帶木

訣曰肉多浮腫腹低乖眉濁髮濃眼神露聲帶痰瀅音不響唇厚口大臀多骨頸多皺肉行難穩指短肉多掌形闊此是水形成格局細察神強富貴洪。

以上祇言五形成格局。至於貧富貴賤不在此例。

▲△附掌圖

▲△看掌秘訣

八卦宜滿明堂宜深掌紋宜秀掌色宜鮮賓主宜配。指節宜藏指肉宜明嫩掌面宜有肉掌背宜厚不露。筋骨掌紋深秀成字成印成令皆主貴紋溢掌背主破耗紋冲四指主功名紋冲坤位主好色紋亂異位主破財紋冲麻相法中所載七十二種掌紋實非麻衣眞傳穿鑿者居多（參看手足相法）此訣當與掌圖同看圖中所注開門紅潤出入近貴用兵吉生門休門亦然傷門青暗必有刑剋景門青暗出入必防

一七

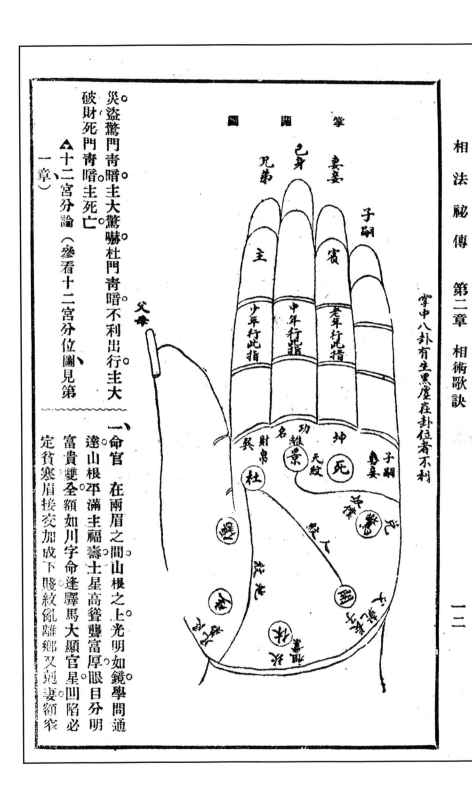

掌中八卦有生黑塵在卦位者不利

△十二宮分論（參看十二宮分位圖見第一章）

一、命宮　在兩眉之間山根之上光明如鏡學問通達山根平滿主福壽士星高聳豐富厚眼目分明富貴雙全額如川字命逢驛馬大顯官星凹陷必定貧寒眉接交加成下賤紋亂離鄉又剋妻額窄

災盜驚門青暗主大驚嚇杜門青暗不利出行主大破財死門青暗主死亡

眉枯窮苦相。

訣曰眉眼中間是命宮光明瑩淨學問通若還紋

亂多塞滯破盡家財辱祖宗。

二、財帛宮　鼻乃財星位居土宿。截筒懸胆千倉萬

箱聳直豐隆一生富貴中止不偏福祿永鷹嘴尖

峯貧賤終鼻孔仰天主家無宿糧廚灶空必然室

如懸磬。

訣曰鼻主財星高且隆兩邊廚灶莫敎空孔仰家

無財與帛地閣相朝倉穀豐。

三、兄弟宮　位居兩眉星名羅計左眉屬羅右眉屬

計眉長過目三四兄弟無刑眉秀而淸弟兄必有

發貴形如新月永遠超羣短粗而環雁行必然疎

別眉毛兩樣手足定須異母交連黃濁身喪他鄉。

頭高眉低同氣不睦。

訣曰眉爲兄弟軟淸長手足生成四五强兩角不

齊須異母交連黃濁喪他鄉。

四、田宅宮　位居兩眼最忌赤脈侵時初年破盡家

圓明陽陽失陷到老無糧眼如點漆終身產業榮昌

鳳目高眉置稅三州五縣黃暗神露財散家傾。

訣曰眼爲田宅主其宮淸秀分明一樣同若是陰

陽枯更露父母家產盡成空。

五、男女宮　位居兩眼下男左女右名曰淚堂三陽

平滿兒孫福祿榮昌隱隱臥蠶子媳還須淸貴淚

堂深陷子女無緣黑痣斜紋不得男女送老更氣

口若吹火獨坐閨房（言女相剋夫）人中平滿難

得子息。

訣曰男女三陽起臥蠶瑩然光彩好兒孫縣針理

亂來侵位宿孳半生了不淸。

六、奴僕宮　位居地閣重接水星頤圓豐滿侍者成

羣輔弼星朝一呼百諾口如四字主呼聚喝散之

權倉庫偏斜施恩反成怨恨紋成敗陷奴僕不周。

訣曰奴僕還須地閣豐水星兩角不相容若還三

處都無應傾陷紋痕奴僕空。

七、妻妾宮　位居魚尾名曰奸門光潤無紋必保妻

全四德豐隆平滿娶妻財帛盈箱額骨侵天因妻
得祿奸門深陷常作新郎魚尾紋多妻防惡死奸
門黯鬖常要生離黑痣斜紋外情好而心多淫慾
訣曰奸門光澤保妻財帛盈箱有始終若是奸
門生黯鬖斜紋暗澁子偏生

九疾厄宮　位居山根年壽之間山根光潤常無病。
若然昏暗定主災病連綿
訣曰山根疾厄起平平一世無災禍不生若值紋
痕并枯骨平生辛苦却難成。

九遷移宮　位居眉尾名曰天倉隆滿豐盈彩安
樂無憂魚尾位平到老得人欽羨光騰驛馬主游
宦四方額角低陷到老住場難覓眉連交接破盡
祖業天地偏斜十居九變生相如此必須移門改
基
訣曰、遷移宮位在天倉低陷平生少住場魚尾本
年來相應定然游宦姓名揚。

十官祿宮　位居中正上合離宮伏庫貫頂一生不

到訟庭驛馬朝終身官司不擾光瑩明淨顯達
超擧額角堂堂犯着官司貴解紋痕陷破常招橫
禍眼如赤鯉決犯徒刑
訣曰官祿榮宮仔細詳山根倉庫要相當若然瑩
淨無痕點定主官榮福祿長

十一福德宮　位居天倉牽連地閣五星朝拱平生
福祿雙全天地相朝(天地天倉地閣也)德行
全備五福額圓額窄須知苦在少年額潤頦尖迍
否應乎晚景眉高耳聳還可榮身眉壓耳掀休言
福澤
訣曰福德天倉地閣圓五星光照福綿延若然缺
陷并尖破衣食平生缺不全

十二　相貌宮此係相貌總論先觀五嶽次察三停
倘五嶽朝歸三停平等若永保平生顯達官祿遷
行坐威嚴爲人尊重若五嶽歪斜三停不均一世
貧苦額主初限鼻主中限水星地閣主末限若有
剋陷斷爲凶惡

訣曰相貌須看上下停平等貴相生者是一
處無勻配好惡中間有變更

△十二宮總訣

父母宮論日月角須要高圓明淨。主父母長壽康寧。
低陷則幼失雙親暗昧主父母有病左角偏妨父右
角偏妨母。或則隨母嫁父出祖成家災異重重惟假
養方免刑傷又重羅疊計父母重拜。或則父亂母淫
且妨父母頭側額窄定是庶出左眉高右眉低父在
母先亡左眉上右眉下父亡母改嫁額削眉交椿宣
早萎兩角入頂父母雙榮且得祖蔭氣色青主父母
憂疑且有口舌刑傷紅黃色主父母多福壽黑白色
父母雙亡

△十三部位總訣

十三部位者乃一百二十部位之總關額之上五部。
乃天中天庭司空中正印堂之位照應邊地驛馬山
林郊外巷路之位以定貴賤鼻之中四部乃山根年
上壽上準頭之位照應天倉金匱甲匱園倉之位以

定貴賤額之下四部。乃人中海口承漿地閣之位吊
動細廚井部家庫莊田波池之位以定貴賤總之十
三部位形須豐滿色須瑩淨又須有情朝拱者吉低
陷青暗者凶

△五嶽四瀆總訣

【五嶽】
額為南嶽衡山鼻為中嶽嵩山在額為東
嶽泰山右額為西嶽華山頦為北嶽恆山。斷曰。東
五嶽取中嶽為最尊須要高而隆兼得東西二嶽
相朝應為吉不高不隆則無勢壽限必短而且中
嶽陷而失勢則四嶽無主縱有好處亦無威權矣。
中嶽尖薄中年破敗東西二嶽傾側無勢亦主中
年破敗南嶽要廣平高闊少年有成如傾側主老
早當家北嶽豐闊主晚年富足尖削缺陷到老無
成故云五山朝拱福自天來。

【四瀆】
耳為江目為河口為淮鼻為濟。斷曰。四
瀆取深藏清潔形勢合格定然財穀豐盈縱有五
嶽高峻無水不秀如耳為江瀆竅要闊而深有重

城之副潔淨主聰明肉厚色白主得妻財目爲河
瀆取深長黑白分明主聰明富貴淺露圓凸昏濁
者貧窮無壽口爲淮瀆唇切取方闊覆載上薄則
不覆下薄則不載無晚福而少壽鼻爲濟瀆取豐
隆光潤圓正有收不破不露主家有積蓄故云四
水莫教淺五六主兇災

▲五星六曜總決

【五星】訣曰左耳金星須要白官位終必獲右耳
木星須要朝五福並相繞口爲水星須要紅貴顯
作三公額爲火星須得方必定有金章鼻爲土星
須要厚長壽身健康　金木二星屬兩耳貴任輪
廓分明紅白色瑩潔大小門闊生得端正忌尖薄
而小高過於眉者主大貴若得金木二星照命發
福必早反側窄陷者主破財無學識水星是口爲
內學堂須要唇紅方闊八中深長口齒端正潔白
主有文章爲官食祿若唇掀齒趴口角歪必然貧
賤火星是額生得豐滿廣闊髮際高者主有祿位

尖陋多紋理者功名無分兄弟無情。損妻破財土
星是鼻準頭豐滿兩孔不露年上壽上平滿端正
不偏至額其八土星入命必然福祿壽俱全如尖
露不正低陷定主貧寒

【六曜】左眼太陽星光明福祿強右眼太陰星漆
黑有官職左眉羅睺星長者食天祿右眉計都星
齊者多子息山根月孛星直者足衣食　太陽
星圓者有官職　太陽太陰二星要黑白分明長
細入鬢主大貴黑多白少神光弈弈作事俱順骨
肉俱貴黑少白多或作黃赤色者損父母刑妻兒
破田宅多災少壽月孛星是山根從印堂直下宜
高而光明主貴如文冲破陷正當月孛照命刑妻
剋子破財多災羅計二星是兩眉粗黑有彩眉連
鼻首主豐衣重祿子息蔭貴兩眉相連橫入命宮
爲人量淺無志骨肉多災

【六府】

▲六府三才三停總訣
　天倉爲上二府額部爲中二府顴位爲下

一六

二二

二府六府喜充實相輔忌支離孤露靈台祕訣云
上二府自輔角至天倉中二府自命門至鹿耳下
二府自肩骨至地閣俱要充實無缺陷者主財旺
天倉峻起多財祿地閣方厚萬頃田

【三才】三才者額為天欲闊而圓名曰有天者貴
鼻為人欲正而齊名曰有人者壽顴為
閣名曰有地者富

【三停】髮際至印堂為上停初主自山根至準頭
為中停中主自人中至地閣為下停末主此為面
上三停三停平等富貴榮顯三停不均孤天貧賤
訣曰面上三停仔細看額高須得耳明寬學堂二
部未能足空有文章終不官

【四學堂】
▲四學堂八學堂祕訣
一眼為官學堂要眼波長而清秀黑白
分明故又名官星並稱明秀學堂主文章聲譽而
貴顯二印上為祿學堂乃天爵之位訣曰額闊頂
平中正滿有官有祿早年成三當門兩齒為內學

堂又名祿食學堂要周正而密瑩潔如玉主忠信
孝敬多祿食疎缺而小者犯妄不吉四兩耳為外
學堂又稱聞名學堂乃金馬玉堂之位須得紅潤
色白於面圓厚如巽桃者定主爵祿豐厚富貴非
常

【八學堂】第一頭為高明部學堂主頭圓或
有異骨昂起第二額為高廣部學堂主福在兩角
須額角明潤骨起方第三印堂為廣大部學堂問
官在印須平明無傷痕第四眼為明秀部學堂問
貴在目要黑多有彩神隱藏第五耳為聰明部學
堂問名在耳要有輪廓而白淨紅潤第六口脣為
忠信部學堂問祿在口要牙齊周密白如霜第七
舌為廣德部學堂問德在舌要舌長至準紅紋長
第八眉為班筍部學堂主壽要細長而秀
以上各訣立論頗多重複但諸家相法都是如此
本書採取各家相法之精華殊難避免重複之嫌

第三章　面部相法

△相頭（幷頭骨）

頭爲六陽之首居百骸之上受五行之資爲萬物之
最靈者也范文元曰頭象天足象地眼象日月聲音
象雷靈血脈象江何骨格象金石鼻額象山嶽鬚眉
象草木此爲相法之大概語云萬事須從頭說起相
取豐而起頭皮取厚而潤兩角頭起爲卿相天庭平
滿定家豐太陽穴有骨名曰扶桑骨耳後有骨曰壽
骨高怪者多壽低陷者貧天老祖云頂平頭圓額又
方定主富貴早功名頂尖窊仙孽品腦後連山富
貴流頭小頭長貧天相蛇頭屈曲食糠糠頂骨連鼻
終拜相脊骨連枕（玉枕骨在腦後）武封侯頭偏
額窄難言壽頭尖頷細憂虎頭燕頷封侯相方
頭圓頭後福多按骨乃精成肉就凡屬胎元都
由精神氣血而成得正氣則其骨秀而氣淸得邪氣

而成者其骨粗而氣濁所以名相家論人貴賤先辨
人骨氣骨勝而少氣者爲弱肉勝而少骨者爲虛而
一生福壽惟頭骨可封（封驗也）苟頭有奇骨無
奇神相應亦無大成苟五嶽四瀆不合格亦難發福
故論一身貴相在乎頭骨按頭部共有七十二骨額
有八骨伏犀骨日月骨邊地骨福堂骨龍角骨虎頸
骨印綬骨金城骨是也天庭骨要隆起枕骨要連肉
起頂骨要平起日月骨要角起太陽骨要線起眉骨
要稜起鼻骨要伏起準方起顴骨要插
起如高聳入鬢名驛馬骨玉樓骨（在兩耳之上）
要豎起以上諸骨皆主大貴或則富貴雙全凡人五
官不正而得安富尊榮者可以頭骨鎮之總之頭無
惡骨生來合格得勢者非富卽貴如頭頂骨圓正平
起者主賢天庭骨方闊豎起者主貴日月骨角起者
主聰明金城骨（在日角之左月角之右）直起者

位至三公。天性骨從天庭貫頂名伏犀骨直起者位
至公卿。惟須色相稱方貴。額骨插起者。主威權。如相
連入耳名玉梁骨。主長壽枕骨隱起者。主貴眉隨
骨起帶威勢者。定是英俊。額骨朝起而鬚清艷硬者。
主晚年榮貴頂骨尖起者。主天庭骨聳出者。主剋日
月骨陷露者。刑腦骨插露者。貧。
骨陷出者。貧眉骨露而無眉無肉者。刑妻剋子骨軟
者多福。額骨橫者。凶。刑骨俗者愚骨圓者。福上有筋
而毛粗者貧窮。骨肉平和者俊秀。不獨頭骨為然身
骨亦若是也。

△相面

面為儀表。列百部之靈居。通五臟之神路。推三才之
成象。定一生之得失者也。論相以面部為總樞。故相
士俗稱相面先生。至於面相五嶽四瀆須得相朝三
停六府須得豐勻。貌端神靜氣和色瑩者。富貴之基。
欹斜傾陷色澤昏翳形貌醜惡者貧賤之兆。是以面
色白如凝脂黑如點漆黃如蒸栗紫如絳繒者皆主

富貴面色赤暴如火者。命短卒亡。毛色茸茸昏濁枯
燥面部如蒙塵垢者。貧窮夭壽色怒變青藍者陰謀
毒害之人。面作三拳者男主剋子而貧女主剋夫面
賤面如滿月神彩射人者謂之朝霞而男主公卿女
主夫人。面皮厚者性和而孝。面皮薄者性敏而貧
少幫助。面重城萬人飯依。面大鼻小辛苦到老面
方耳大位至卿相。面田背駝財聚千箱。面反無勢貧
大鼻尖晚年刑傷額插天倉威震邊彊面薄無腮必
是窮胎。面肉浮起破家損子。面皮繃鼓壽必夭亡。
腫鼻扁多為奴卒身肥面疲者命長性緩身瘦面肥
者命短性急。面無人色為人寡合面多雀斑刑剋
難。訣曰天庭欲起司空平中正廣闊印堂明山根
不斷年壽關準頭齊圓人中正口如四字承漿闊地
閣朝歸倉庫應山林圓潤驛馬豐日月高分邊地靜
陰陽肉多魚尾長正面額骨有神志閣台平滿法令
正金匱海角色微黃三陰三陽不姑息龍藏虎伏恰
相當五嶽四瀆無剋破便是人間有福郎

心一堂術數古籍珍本叢刊 相術類

△相耳

左耳爲金右耳爲木。不論耳之大小取輪郭分明垂珠貼肉色鮮紅潤耳門關大厚而堅爲貴。而多壽所忌耳尖皮薄黑乾焦輪飛廓反必然貧窮凶。天耳白過於面名楊四海厚大垂肩必然發貴耳暗運蹇耳低運遲色瑩如玉耳夾天庭早得功名耳照額鼻中運豐隆耳尖似火紅更嫩準紅額紅鬢密者終防回祿惟輪廓作桃紅色者性玲瓏耳黑枯焦家破祖耳若窄小定主愚頑耳門薄小天壽少食耳門寬大主長壽堅而圓者先生貴子婦人命必長耳內生毛亦主長壽。男子左耳厚先生男右耳厚先生女兩耳缺先死母。婦女左耳厚先生男右耳缺先死父。耳一大一小貧一父一母之乳總之相耳必須參合宮部。以定終身不可專憑兩耳星辰評斷也。

△相眼

兩眼爲太陽太陰二星左爲日右爲月父母之泉也。須黑白分明睛光朗照星辰俱順主富貴多男眼長

二〇

深而光朗者大貴細而深者長壽黑如點漆者主聰明如白多黑少黃赤侵睛或陰陽反背或黑白混雜定主破財刑妻剋子故眼神取清淨光明爲福壽昏暗流露者主貧天大而凹圓者促壽凸暴流者淫盜赤縷貫睛者惡死視者不怵神壯羊眼者孤狼短小者愚賤卓起者眼下有臥蠶者主生貴子婦人黑白分明者貌重重眼下赤色者產厄偷視者淫神大抵不視不宜偏神不宜困眩不宜光不宜流其或庭不流者福全所以老祖論眼最防流麗情浮赤縷欲豐滿不失陷訣曰眼秀而長必近君王眼似鯽魚圓而暴短而深者不善之相也兩眼之間似子孫宮必定家肥眼若龍睛而光亮者食祿千鍾眼看蜂腰而睛露青浮者惡死奸邪眼看鳳鴻而細長者清高貴顯見蕎蛇鼠而赤珠露者奸盜惡死眼若曉星四海聞名眼大昏沈貧而天死目然有威萬人飯依眼色通黃聰明鄙吝眼若歐弓作事奸雄眼形三角生性貪惡龍睛鳳目忠孝全名蛇眼鷄睛忤逆絕頂

浮光太露惡死無疑眼縫帶花多作少成日光如電。

主貴顯目尾插天掌刑名目短昏偏生愚笨目廣方

長聲名震眼泛睛浮貧窮天壽眼露四白刑險遭兵

鷹目高視心奸惡毒鼠目偷視貪淫作賊鷄眼鴿睛

散走他鄉火氣侵眸官事重重目赤睛黃禍不小

訣曰眼如日月要分明鳳目龍睛切要清最怕睛黃

兼目赤一生凶害壽難長　浮大羊睛必主凶身孤

無着貨財空細深皆是無心腹斜視之人不可逢兵

長一寸封侯龍鳳眼眼配得真鷄睛鼠目總是賊

黑白分明信義人　左眼小者怕老婆鷄睛鼠目總是賊

刑死大小不同何所招兄弟生時異父母（三十五

歲至四十行眼運）

△相眼

眉者楣也為兩目之華蓋且係目之精華麻衣相法

中相眉分二十四樣立論最詳泰半穿鑿而來故眉

樣從略不論要知左眉為羅睺右眉為計都最忌帶

煞可別賢愚眉主早成三十一歲至三十四歲行眉

△相眉

運取濃中細發疏內不斷短有神氣長有起伏細潤

光彩者為秀媚如間斷逆流浮暗枯索粗硬散禿壓

眼低垂者為最下乘眉生如角快樂無窮眉戲印堂

多憂常慮眉欲疏而秀高而闊直而長者主聰明俊

秀粗濃逆亂短蹙者主生性兇頑眉長過眼者富貴

短不覆眼者乏財壓眼者窮困過昂者氣剛眉尾垂

眼者懦而滯眉頭交加者妨兄弟逆生者不良眉骨

稜起者凶惡眉高居額中而濃細有威者大貴訣曰

五兩角不齊須異母長高長入鬢為卿相短不覆目

命宮交鎖難保壽濃如潑墨祿難通細緊輕長兄弟

孤窮眉濃髮厚多勞碌眼大還求羅計當稜高疏緊

情不斷少年成名兩眉插進日月角長壽高官粗短

緊蹙皆不美散亂稀少亦主凶

△相額

額為火星天庭天中司空之位俱在於額為貴賤之

府其骨欲隆而起聳而潤五柱入頂貴為天子其峻

如立壁其廣如覆肝明而潤方而長者貴壽之相也

左偏者損父、右偏者損母、訣曰、額前聳起隆而厚、決
定爲官爵祿昇、左右偏虧爲賤相、少年父母主分離、
髮若封隆骨起高能言性英豪、天倉左右豐而貴曰、
月角起主官曹中正骨起三千石、陷時兒女主憔悴、
女人此相須重嫁、男雖有祿退朝堂印堂潤澤骨起
高少年食祿掌功曹仰月文星額上貴、面圓光澤遲
英豪、

△相印堂

印堂爲一面之明堂、上應福堂、武庫、邊地之祿位、下
拱金馬玉堂額耀之台星、故印堂闊、天庭廣日月角
開眉目舒展兩額有印、天庭高朗印堂平闊土星直
貫天中蘭台廷尉準頭朝拱可掌八方之印主定貴
顯印堂低陷額角尖塌眉骨交鎖腮短少髯定主多
業多敗印堂側而山根斷魚尾低而食庫陷刑妻剋
子印堂寬而兩目秀長定應功名顯達印闊額開可
得呼聚喝散之權伏犀骨貫入印堂定爲淸貴之士
懸針紋川山破嶺遭刑犯法之徒天庭牆壁皆方印

堂圓滿早年發貴印堂最忌紋冲痣破、主一生刑傷
破敗無休印堂又爲紫色之聚處福堂、
印堂準頭三光氣運明亮定主名利皆通要知吉凶
未至氣色先從印堂或發或退也。

△相鼻

鼻爲中嶽其形屬土故名土星關乎一生財運上爲
山根中爲年壽下爲準頭蘭廷相輔相鼻當合諸部
並論山根不厭高土星不厭平厚鼻柱左右二庫取
其高長端正主財帛豐盈鼻孔爲庫之門戶取豐厚
收藏方有積聚其庫不宜曲陷低塌其戶不宜尖薄
掀露準頭尖曲爲人好奸山根低陷先敗祖業準頭
掀露到老孤單年上壽上光潤豐起者不貴則壽富
節薄點黑者不賤則天壽隆高有梁者主壽懸胆而
直如截筒者主富貴堅而有骨者壽相多橫紋者主
車馬傷有縱理紋者養他人子鼻圓貫印堂者主
得美妻鼻如鷹嘴取人腦髓鼻有三曲孤獨離家準
頭帶紅家破人第準頭圓肥者足衣食垂肉者好漁

色尖薄者孤貧鼻聳天庭四海聞名。鼻梁無骨主天
壽沒骨露梁主客死。鼻準尖斜心如勾。鼻梁不直欺
詐來。鼻孔出外誹謗凶。鼻生黑痣疾在陰裏。鼻梁高
危兄弟寒微。鼻如縮囊到老吉昌。鼻如獅子聰明達
士。鼻高而昂仕宦榮昌。鼻上光瑩富貴全。鼻頭短小
志氣少。鼻柱廣長必多伎俩。鼻直而厚生子封侯。鼻
有缺破孤獨貧苦。東西兩嶽高輔準頭圓滿相應謂
之三星聚位主有財祿。眉接鼻梁早年發達到老加
封。四嶽低而反勢鼻梁獨高謂之孤峯獨聳主六親
無靠財帛難聚。準頭黃亮主生財祿黑如濕灰敗家
喪命。

△附鼻形歌訣

龍鼻大貴百世流芳訣曰、龍鼻豐隆準上齊、山根直
聳若伏犀鼻梁方正無偏曲位至三公福祿全。
虎鼻大富擁貲百萬訣曰、虎鼻圓融不露孔蘭台廷
尉亦須無不偏不曲山根大富貴名褒四海聞。
牛鼻大富容物容人訣曰、牛鼻豐齊根且深蘭台廷

尉又分明年壽不高亦不遠。家積金銀家道豐。
猩鼻有義富貴好施訣曰、猩猩之相鼻梁高眉眼分
明粗髮毛面闊唇掀身凝厚寬懷德重是英豪。
鹿鼻仁慈富貴好義訣曰、鹿鼻豐齊準更圓清寬步
急義仁全驚疑初起渾無定福祿增添得自然。
伏犀鼻大貴班超英才訣曰、伏犀鼻插天庭中山根
直上印堂隆肉不多分骨不露神清官位至三公。
懸胆鼻富貴福祿拱輔訣曰、鼻如懸胆準頭齊山根
不斷無偏倚蘭台廷尉模糊小富貴榮華應壯期。
蒜鼻準主富結果增榮訣曰、山根年壽俱平小蘭台廷
尉準頭豐兄弟和諧多助力中年晚景富更饒。
盛囊鼻富貴中年榮耀訣曰、鼻如盛囊蘭廷小兩邊
廚灶亦圓齊始末貲財俱美大盛功名必定挂朱衣
胡羊鼻富貴財名雙美訣曰、胡羊鼻大準頭豐蘭台
廷尉亦相同山根年壽無容露貴顯當時富石崇。
獅鼻富貴全形達耀訣曰、山根年壽略低平準頭豐
大稱蘭廷若合獅形真富貴無邊福祿一齊來。

截角鼻富貴性直中和訣曰功名富貴截衝佳準頭
齊直不偏斜山根略遠年壽滿中年富貴大成家
以上十二鼻形非富卽貴準頭豐紅不露孔
者謂之猴鼻主貧準頭尖如鷹嘴者謂之鷹嘴鼻
主險惡年壽骨登蘭廷空者謂之狗鼻定作賊山
根細小準頭垂謂之鯽魚鼻主貧賤鼻有三曲三
彎者謂之三曲鼻主孤鼻梁露脊如刀背者三
謂之劍峯鼻主孤庭小準尖而露孔者謂之獐鼻
主薄鼻瘦露脊山根小者謂之露脊鼻主貧賤
孔大鼻高而竅露者灶鼻主貧鼻頭無肉
灶門開者謂之孤峯鼻主孤獨年壽低壓山根小
者謂之偏凹鼻主貧天

▲相口、

口爲大海容納百川上通五嶽下通周體且爲言語
之門心之外戶故端正不妄言謂之口德誹謗多言
謂之口賊掀唇露齒洩元氣者主天壽所以口欲厚
而寬唇欲端而正齒欲排而齊取深藏端方闊厚紅

潤爲德口大者取其有收小者取其紅方闊而不正
大而不收黑而不紅尖而不藏偏而斜小薄而下垂
者貧窮凶夭之相也口如四字錢財富足威鎮三軍朱
文章才俊口如牛唇必是賢臣口不見唇威鎮三軍
狗牙鳥喙奸險多詐嘴唇多謗低而角垂
常被人嫌口如吹火無粮孤獨縱紋入口（卽螣蛇
餓死無疑口如鼠食讒毀嫉妒口如馬嘴飢
來無食口能容舉出將入相口如縮囊孤獨少粮唇
若噀血般富多資龍唇鳳口不可爲友形爲劍交
情足義口寬舌大富足田粮唇紅齒白老壞亨通唇
青艷枯壽命不長口生黑痣足食無憂

▲附口形歌訣

田字口出類拔萃主富貴訣曰口角光明唇兩齊
端略仰不低垂生性聰明才學廣富而且貴作公
卿。
方形口食祿千鍾主貴顯訣曰方口齊唇不露牙唇
紅光潤似硃砂笑而不露齒齊白定然富貴享榮華

仰月口祿在其中主富貴訣曰口如仰月上朝齒

白唇紅似抹丹滿腹文章聲價美必然富貴列朝班

弓形口特達名揚主富貴訣曰口若彎弓半上弦兩

唇豐厚若丹鮮神清氣爽齒牙潔富貴中年福自然

牛口福壽攸遠主富貴訣曰牛口唇豐且帶平一生

衣祿主昌隆濁中帶清心靈巧富貴康寧壽若松

龍口珠麗簪纓主貴顯訣曰龍口兩唇豔且齊光明

口角更清奇呼聚喝散擁通變玉帶腰圍官職高

虎口德威並濟主富厚訣曰虎口闊大有收拾須知

此口可容拳若不發貴定大富積玉堆金福自然

櫻桃口聰明絕頂主富貴訣曰櫻桃口尖唇胭脂齒

似榴子密且封笑若含蓮情和暢聰明拔萃紫衣穿

猴口慳而不吝多福壽訣曰猴口兩唇喜又長唇中

破竹更爲良平生衣祿皆榮足鶴算龜齡福壽康

以外更有豬口上唇長闊下唇尖主凶貧吹火口

嘴尖形如吹火者主貧夭皺紋口唇上皺紋似哭

聲者主孤鮎魚口臬薄雙唇又欠圓主貧賤鯽魚

口口小如鯽魚嘴者主貧夭覆船口口角渾如覆

破船主貧苦

△相人中

人中乃溝洫之象上通濟瀆下接淮水深則水流而

不壅淺則水滯而不流故人中深者富而多壽淺

而唇嬌者主天壽端直者忠義之士屈曲者無信之

徒且爲人中關乎週身氣血相其長短可定人生之

壽夭（長者壽短者夭）驗其廣狹可定男女之有

無（廣者多子狹者無子）鬼眼經云雖論人中然

而上須辨土星之端與不端下須辨口之藏與不藏

次視地閣之豐與不豐法令之端蕭不端蕭翳之

相應不相應若僅人中深畏五官鬚眉皆破敗不相

應便爲長壽之貧漢耳所以相人中上下水欲其通

接四水欲其流通人中細狹者衣食足逼迫平滿者

迍遭災滯上狹下闊者多子孫上廣下狹者少子息

上下狹而中心闊者子女帶疾兒孫滿

堂正而垂者長壽蹇而縮者夭賤歪斜短蹙者貧夭

縱紋一線者。多損兒郎。細如懸針者絕子老貧形如
劈竹而仰者家世有貂裘之貴形如瓜稜樣者定主
貧而鰥寡孤獨。

△相唇。

唇爲君齒爲臣唇爲口之城郭舌之門戶一開一闔。
關乎榮辱故唇欲端厚而不尖薄紅潤而不白黑上
下唇欲其覆載多紋理上唇名曰金覆下唇名曰金
載上下唇俱厚唇主忠信而長生命長下唇俱薄喜妄
菩而性卑鄙上唇厚而長主壽下唇薄而長主貧
食真龍唇主富貴羊唇主貧賤唇尖撮者窮死唇
垂者孤寒血綻無紋爲八自滿不謙有紋有子無紋
無子尖虧似烏喙者鄙吹火子孫鄙唇右綽
薄少信義紅如丹砂者富而貴唇如藍綻者災而夭
昏黑者多病惡死紫光者小康足食色白而豔者招
貴妻色帶紅黃者生貴子蹇縮者夭亡
上唇長先妨父下唇長先妨母唇色杏紅不求自豐
唇如鷄肝久病少瘁紋理如花富貴榮華唇平不起

齒爲骨之餘可以卜富貴定壽考宜正而大多而長
白而淨三美全備富貴福壽可期忌缺而少短而疎
貧賤可慮內管丹田之氣缺少則破財而祿稀外職
防凍餒少年落齒多不壽中年落齒多刳刑中年復
縫密者言必眞誠結喉露齒必死他鄉缺口垂終
壬癸之司多密則榮祿而壽永短黑斜飛者刑傷子
嗣白長正大者福祿雙全疎齒必死無信端齊
齒主添壽晚年復齒更延年齒白唇紅闊大朝元
必厚齒枯唇淡斜歪緊縮必孤寒黑堅者忠貞枯
者貧賤長大堅實男忠良而女貞節溪疎尖小男好
色而女貪淫或黃或暗或枯疎必是庸夫俗子或密
或長厚或堅潔必爲宰輔公卿疊生一二少生刑傷
露出當門中年必刳齒多者定主富貴壽考仍須辨
色審刑齒少者夭折貧寒尤貴揣神定相

飢寒交併唇缺而陷貧而下賤唇長齒短壽不夭唇
合不正言無信

△相齒。

△相舌

舌內與丹元爲號令。外與重機爲鈴鐸。所以善生露
液。且爲神之合。體心之舟楫。一生得失與性命樞機
有所託也。取方正端長鮮鋒及紋秀者主富貴。狹而
長者奸詐。禿而短者運蹇。大而薄者多謬妄。尖而小
者多貪鄙。引至鼻者大貴。柳莊云舌長至準目若合
眞。定主王侯宰相。俾舌長至準目若白乾者便非美
器。若使土星尖反爲冲破。紅而方長咳唾成玉。紅小
萬鍾。紋繞如花。定然多子多榮。三川紋足。必食萬頃
而長聰明多智。鮮紅如錦。出入朝貴。舌利鋒刃祿養
之田。有黑痣者得天祿。有黑醫者主凶。舌生粟粒者
榮遷。舌出如蛇者毒害。舌斷如拙者蹇滯。末語而舌
先舐唇者多淫佚。未語而舌先至者好妄談。舌小而
短定是貧漢。舌小而長仕宦吉昌。舌黑有翳者主賤。
舌紅如血者祿厚。舌如濕灰者凶。舌如紅蓮者主富。
舌如靑蓮者主貴。舌府交紋貴氣凌雲。舌無紋理尋
常之人。

△相額

額者權也與印相配。額高印滿。必有呼聚爲散之威。
額陷無勢當權鎖。低尖無關鎖衣食缺。
破雙額插天。兩目有威。定掌大權。萬人飯依。額高鼻
豐地閣朝拱。中年享用到老。額高頤削。作事難明。有
面無額爲人少力獨。額無面中年歇業。額起鼻高頤
又豐。晩歲更多財祿。額高顴見孤獨。額高插天。
目長印滿面起重城。貴享八方之拱。額高勢倨目
大睛渾印陷眉低。又爲文星失陷。印綬無根。非是貴
秀。必得貴人之力。女人額高必奪夫權。若高登如峰
破殺三夫。紫氣侵額主大吉。黃氣插髮功名至。靑氣
侵額主兄弟口舌。白氣繞額兄弟防厄。

△相法令

法令居上唇左右位於食倉祿倉之傍。上能連接八
部三台之拱應。下能帶令地閣仙庫之歸朝。蘭廷分
明清楚爲貴。兩傍爲根基。長至地閣者爲壽帶。主長

壽短而入口者為騰蛇主餓死現在金縷（位居唇
之左右）財食艱難只因漏槽侵破豐衣足食祗為
紋理圓長缺少柴少米皆因法令冲破蘭廷帶令地閣
朝天壽限綿長井灶空露暮年窮困法令現紫色喜
兼勅命現青黑色災病來侵酒舍橫紋絕斷祗恐因
酒亡身

△相鬚

鬚為晚境可定榮枯可分貴賤可辨刑冲宜疏宜潤
宜軟宜索得此則福壽綿長子孫蕃衍忌硬忌枯忌
密忌無犯此則運道困鈍作事顚倒鬚不過溝（入
中無鬚也）多招訕謗鬚如困口必遭迍邅為官鬚
密困蔽祿位可虞為商者鬚疏潤澤財富自足水形
（參看後章五行象說）鬚白不染病必遭木形鬚
紅不染災立至金形面紅鬚白主官非破財金形面
暗鬚黃主財病至拂左拂右權內之人開义開歧
運滯之鬚上密蓋口運滯時壅雙分燕尾晚景淒涼
密號髥連中年混沌帶焦黃者多血病若秀潤者主

身安面紅鬚赤因官非而破財鬚燥面灰因火傷而
破產鬚眉皆密帶黑子主水厄鬚面皆黃帶紅筋主
火燹鬚嫩而清潤者官宦必亭庶人多福粗硬而不
索者性情剛暴智識愚蒙過少無妨堅硬明白
如鐵線過多而牽連鬚脚名曰連鬚宜拔之使少方
免迍邅如鎖喉縮頸定主晚景貧寒五縷清奇乃是
人間貴相

△相鬢

鬢乃一面之丰采可定人之賢愚其色取黑光紺清
齊厚滋潤為宜最忌黃疏與亂捲鬢深過命門為人
多賢德鬢重鬢清可許清貴鬢清眉彩早得功名眉
疏鬢禿老見孤貧鬢重鬢清一生有福鬢清眉娟
優隸卒有權無鬢諸事少力鬢髮粗濃勞苦終身鬢
髮紺光欣然得祿

△相髮

髮為血之餘而人生之富貴貧賤吉凶禍福均可於
髮驗之髮宜軟宜細宜疏宜香得此者主富貴福壽

心一堂術數古籍珍本叢刊　相術類

忌硬忌粗忌長忌穢。得此者則爲貧寒夭折。婦人髮長過身貧賤而不善終。男人髮長過身貧賤而不安逸。髮短而硬男女刑。髮軟如絲夫妻恩愛。髮黃者男主貧賤女主貧淫。髮焦者主貧塞。老猶困屯孩童髮秀性多頑。男女髮低運多蹇。髮卷髮亂運亦蹇。髮多血旺性貪淫。髮濃且密者訟獄宜防。髮幼而疎者皆因髮如飛蓬。髮濃剛祇爲鬢。髮乾燥鹵莽性暴。求謀必得。髮中亦理不主兵戈。定遭喉疹髮落太早不妨。壽短則虘財空。髮際高弓運不蹇滯。髮際低弓運多困屯。少年髮白多刑剋。中年髮白剋食易（語云末老先白頭飯米不要愁）。老年髮黑壽必長。以上爲雲谷山人之相髮論。而范文園先生之論髮云。髮多不宜短髮少不宜長。髮短者取青光細少爲貴。髮重者取黑長色潤爲貴。肥人不宜髮少。瘦人不宜髮重。髮多而氣臭者迤滯而貧賤。髮際高者性和剛而孤獨。髮際多者貧窮。髮際高者性和。頂後髮高其性僻毒。故相書云耳邊無鬢心懷毒。刃侵眉亂額。

多見災厄。鬢髮粗疎財食無餘。鬢髮乾燥憂愁至老。鬼眼相書云自古無濃髮宰相。亦無禿髮兒小孩。雙頂赤髮定主刑傷（剋父母也）。老年髮潤鬚滋福壽康健。壯年髮白鬚焦難言福祿。老年鶴髮童顏可卜頤面。焦髮枯貧病無休。髮生到耳須防餓死。髮捲如螺必有刑傷。額髮稀少多刑多苦。髮色黃者多刑剋。髮色赤者多災害。髮色紺翠榮華至。髮清如絲官職高。髮長而少老見孤窮。髮長且亂必妨父母。

第四章　身體相法

△相頸

頸即項也。古相家祇有相喉而無相頸之說。殊不知
頸號天柱。上承元首下貫一身。仿彿大廈之樑棟烏
可不相因選諸大家之相頸法分列於下。范文園先
生云、頸上狹一首爲棟下據。四體爲樑。肥人頸欲短
瘦人頸欲長。反此則不貧即夭。若太長如鵝或太短
如豕。或大如櫻木。或小如酒器。此皆不令之表也。短
而方者主福祿。細而長者主貧賤。頸高然自立爲一
身之柱柱若傾欹虛幻之軀將死之徵也。項有結喉
骨者多災。頸有鎮喉骨者凶亡。瘦有結喉者迍蹇肥
有結喉者凶。天頸後隆起者主富。頸後有皮如繼者
多壽。頸多斑而不潔者性鄙而滯。頸鳧而斜曲者性
弱而貧。頸勢前臨者性正多福。圓粗如虎項者亦主
凶。頸立端直者性和而吉。頸勢偃後者性弱而
曲如蛇頸者毒而凶。頸立相應面者大貴。頸弱不勝

頭者天貧。頸皮薄細現食者貧賤。
袁柳莊先生云。男人瘦。項欲長。肥者項欲短。若瘦
人項短三十前後促壽。肥人項長四、九不能保身。凡
項一忌結喉。二忌浮動。三忌露骨。四忌動氣。此四忌
俱爲貧賤之相。瘦人結喉。平生辛苦走他州。項圓皮厚
他州皮急肉肥又結喉。
有重紋定是聰明俊秀人。兩肩與背來濟遇管教白
屋生公卿。頭圓項細難言壽。項有重紋爲項條主大
壽不招災禍女頸以圓長爲妙。　雲谷山人相頸論
云頸爲天柱宜分形局以定短長。以配肥瘦瘦人宜
長忌筋肥人宜短忌筋。筋露著性暴喉露著性急色
白多貴色黑多賤圓潤者富貴並享瘦削者貧賤可
虞項傾則壽絕項健則壽長頸後無肉多貧賤頸有
餘皮定顯榮頭歪者謂之頸無力壽命難長頭正者
謂之頸有神福祿必永頭小頸大頭大頸小皆妨壽

結喉財必滯，太長貧而壽，斑雜者貧寒，此爲相頸之準繩。

△相身總訣。

身有三停，長宜得配。身有大小肥瘦，亦貴相宜。自頸至臍長爲上停，自臍至膝爲中停，自膝至足爲下停。上停長主安逸，下停長主奔勞。木形身宜瘦長，不露筋骨。土形身宜莊重，背厚腰圓。金形身宜皮白肉潤。火形身宜瘦硬，露骨起節。水形身宜肥胖臃皮寬。五形雖云宜白宜黃，忌黑忌暗，而水形身黑亦佳。（參看第六章五行形色論）胸宜平闊忌窄，忌狹窄，狹者器量淺狹。乳宜堂大珠多，色黑色紅俱利，生多貴子。忌白忌塌忌小忌毛多，毛生一二三條，名曰玉帶，子貴而賢，多毛則多生多剋。心宜平滿，忌坳陷，忌尖突（尖突者名鷄胸，主孤寒心毒）。肚上宜坳，主人謙和有福，忌飽忌收忌瀉。若肚上飽脹，則腹下無托，亦主無結果。臍宜深宜闊，主有佳子，忌卸忌突，犯則剋子。腹下宜有帶有托，主有子，忌凹忌收，主無子。背宜厚宜豐，富貴福壽並享，忌陷忌骨陷，則無壽，露骨則勞苦多病。腰宜平宜間，主富貴多壽，忌折忌小，折則無壽，小則多淫。脚宜骨長而忌太長，脚配合。膝宜圓而忌尖，尖則犯刑。趾宜短而忌肥，太長主賤。脚肉背忌露筋，脚板忌無紋。足毛宜軟宜光。臀宜肥宜肉。穀道宜有毛可聚財。陽物宜小，大則淫。陰戶宜小，大無子，寬主淫。陰毛宜少。腎囊宜縮。小便宜如撒珠。服宜香，忌狐臭。膊宜平。此乃相身之大概，更將全身各部分條詳論如下。

△相肩

肩欲平厚而背若負弓，腰欲正直而支有坐礁。左肩高於右，白手成家。右肩高於左，家財大敗。肩闊面方，諸事亨通。肩闊聳尖，老無結果。鳶肩騰達必速。平滿者名播四方。坍肩者百事無成。肩寒者身無居止。

△相胸

胸藏萬事之機，爲神之宮庭，宜乎博厚寬平而廣闊。

廣闊者神藏而氣壯。淺狹者神露而難容。胸色潤澤者智廣才高而有福。胸形偏凸側狹粗黑者量淺少志而貧天胸廣體瑩必做公侯。胸平闊厚錢財穩足。胸不均平難期有祿皮薄無肉衣食不足。胸狹而長求望難遂胸高凸起貧賤壽天。鷄胸鴨背庸碌天年胸短於面者孤窮。胸坑陷者勞碌。胸有亮光必能成家。若毫毛粗而多者其性必暴。

▲相乳

乳據心胸之左右乳頭運血脈之精華觀顏色黑白及大小可辨子孫之賢愚。故袁柳莊先生云乳為後裔根苗最宜黑大方圓堅硬。凡乳不宜小無論金木水土四形莫不皆然又宜皮土厚。如皮薄者乳必薄。破小者子息難招乳頭色白不起者難言子息。婦乳如泥乳頭圓硬者主子富乳頭方硬者主子貴。乳頭皮實者乳必實乳頭朝上養子易乳頭朝下養子亦以黑大為妙大者子多小者子少乳偏而色白者子息稀乳若黑若堅而亮且美者子貴孫榮福壽高

范文園先生論乳欲其開而闊紅而黑大而正均主富貴子賢。狹而細白曲而下向者孤貧天相乳際狹而胸窄者志愚見短乳頭大而黑者衣食能多子乳頭過小者懦弱而乏嗣乳頭曲者難養兒乳頭仰者子如金玉乳頭低者養兒如泥乳頭壯而方大者子貴如珍乳頭白黃者有子少成乳頭紫如爛椹者子貴孫賢乳頭實而有肉財帛豐盈薄而無肉者衣食不足乳頭生毛者多藏見解乳頭有黑痣必生貴子

▲相腰

腰乃腎命二穴為一身根本范文園先生論腰云腰者為腹之山一身恃其安危者也陳搏老祖云腰生疊肉發財而延年腎命皮焦多病而促壽直硬端方者福厚偏陷曲狹者福薄有背無腰初發而中年庸碌有腰無背初困而晚運亨通腰背兩全福壽並永腰細臀高早貧後享肉厚無臀初享後貧黃蜂腰者性鄙而邪蜥蜴腰者性寬而賤袁柳莊先生論腰云胖人腰欲粗瘦人腰欲圓且硬兩腰眼為腎命二穴

宜皮厚有肉則壽長倘皮枯穴陷定主夭亡凡屬偏
細薄削之腰俱主貧天婦女大者福厚細偏者少子
多。

▲相腹

腹爲水穀之海一身之爐冶安藏萬物總括六府子
午中分晝夜十二時循環運化腹宜圓而長不但飲
食之多藏而且有寬容之德器腹皮欲潔而白腹肉
欲紅而潤勢若有垂囊名震四方滿身羅紋若不大拜
定作神仙胸有秀骨必然大貴澤腹方臍必作公卿
腹大無毫空求名利腹貴垂而向下臍深而向上
腹有三壬多蓄黃金腹厚而堅家道豐腹小而薄家
業空上尖下削窮苦難言臍凸而出壽命夭折有腹
無臀少子息有臀無腹無財物一身毛硬刑傷骨肉

▲相臍

臍爲筋脈之源六府總領之關乃百谷之隘也范文
園先生論臍云臍深闊者智而有福臍淺狹者愚而
且貧低者多慮過高者無識量大可容李名播天下

相法秘傳　第四章　身體相法

三三

小而尖凸貧窮夭壽臍生黑痣名曰含珠食祿萬鍾
臍欲其深寬闊大方正朝上者爲貴不宜窄小凸露
尖曲下垂者爲賤裹柳莊先生論臍腹並論云臍宜深
腹宜厚皮宜實骨宜正臍近上者多智近下者愚
深主福祿淺主貧窮臍生黑痣而腹垂必定作公卿臍
小而平勞苦下賤腹乃臍之外表宜寬大而忌窄小
臍朝下老主孤窮腹乃臍之外表宜寬大而忌窄小
臍居上智慧居下愚此理人間都不知凡婦人臍乃
生子之根乳近上天然衣祿近上
分得一子臍深半寸得五子臍方大小則子息難
期臍赤生子一玉帶臍黑生子一金帶臍內生毫生
子必秀腹皮寬大必有五子凡臍小腰偏腹小皮寬
或皮急子息難求縱有面相可取亦屬無子之婦

▲相臂

臂至肘名爲龍骨肘至腕名爲虎骨龍宜長大於虎
虎不宜長過於龍雙手過膝蓋世英雄腳長臂短多
勞碌。

△相背

背合陰陽二道宜詳其豐陷定其吉凶。欲厚忌薄。欲長忌短。平闊豐厚定卜終身安逸。袁天綱曰背若伏龜為儒早發背厚腰圓威鎮九州。前仰後俯不貴則富。胸凸背凹不窮則夭。圓厚如團富貴雙全。窩深如溝貧而且賤。曲背直腰子孫不超。背厚胸闊富貴兩足。有背無胸晚年孤貧。背脊成坑虛花無壽。女子背圓必嫁秀士。鷟背龜胸。好色貧窮。背如屏風必定封妻。陰子袁柳莊先生云背欲高而胸欲平。肩欲闊而不欲聳。背陷成坑。胸露骨之粗而且促壽。水形土形背宜高。木形背宜平。胸背為一身之主背為陰胸為陽。忌空陷露廣鑑集云背有三甲（三甲乃晉字也）腹有三壬（三壬乃垂字皆指紋痕而言）定然豐衣足食富貴榮華。

△相臀

臀乃後成可見與腰少年無臀百事難成破祖離宗。老來無臀妻子不睦奔走風塵瘦人無臀多學少成一生困頓四九歸陰。肥人無臀刷鍋洗盆。有妻無子。孤獨貧困臀開腹大作事易成。女子臀大反為下賤。若還尖弱父子不情。體長無臀老無結果。身短無臀難期發達。婦女腰小臀尖臍欠深。定為奴婢守孤窮。若再乳頭呈白色一生孤獨不須論。

△相穀道

穀道宜兩臀夾而不露。如十分顯露貧賤且夭穀道有毛者一生衣食無虧。無毛主賤撒尿運者好快者貧細長者貴方主武職。偏主文貴尿水疊帶富貴之相屎尿不同出者貴。同時排出者賤。柳莊先生有詩云穀道無毛老定貧少年露出必遭刑要知取用為奇妙細細深藏是貴人。

△相下部

范文園先生論下部云穀道急而方者貴水道寬而圓者賤。大便細而方者貴。小便如撒珠者非貴卽富。陰生黑痣及獨腎方剛者均主貴。大便遲緩者多壽。且富速細者天賤。小便直如篙攢者主賤。又曰陰頭

有痣人多貴穀道無毛一世貧柳莊先生云陰囊宜
黑紋宜細實爲貴不宜下墜囊如火煖者生貴子冷
如冰塊者生子少玉莖陰囊爲性命之根本皇帝謂
之玉莖常人稱曰龜頭凡龜頭宜小白而堅者爲貴
長大黑弱者爲賤大者且易招凶小而秀者妻賢子
好。

△△相腿膝

腿膝爲人身之下停可別賢愚膝圓者一世不到公
廷腿大膝尖半世當招官訟膝尖㞑小名鶴膝主下
賤膝小無骨主少夭膝上生筋一世奔波勞碌腿上
生毛一生不犯官刑毛粗短硬者招刑細軟而長者
有福腿膝如柴老無結果袁柳莊云膝大腿小主下
賤膝小無骨主壽夭膝上生筋一生勞碌腿上生毫
一生不犯官刑惟腿毫欲其軟硬則招險又云膝大
不宜露骨腿大最宜膝圓膝圓如十一生不到公庭
膝尖腿大常招官司

△△相肢肱

股肱乃一身之根本而股更重於肱大人無股貧賤
泛常小兒無股難期長大瘦人無股敗走他鄉肥人
無股後運不昌

△△相毫毛

人身毫毛雖屬聯帶名詞相法則另有區別粗硬者
爲毛不拘生何處均主賤細軟者爲毫宜生腿足爲
奇臍下穀道俱有毛者主一生不招陰病不畏神鬼
胸上生毫主人性躁背上生毛一生勞苦乳上生毫
三根必生貴子毛多如草亂者無子之相也手指生
毛而細軟者亦好

△△相斑痣

斑有大小黃黑之分凡人白斑黑聰明好色人白斑
黃下愚且賤瘦八年少斑生面或身壽限難長人皆
有斑主壽惟土形人宜生斑金木水火四形人皆不
宜斑大者爲斑小者爲點少年生斑老
來喜生斑名曰壽斑主長壽痣若山林峯巒不可不
高蓋高者爲痣平者爲點青黃者爲斑斑點不宜生

面上相書云面多斑點恐非壽考之人正謂此也痣

在面爲顯痣在身爲隱痣俱宜有毫背生痣主衣冠。

肚主衣祿胸主多智色黑如漆赤若硃砂硬圓而高

者主貴軟者不足奇

第五章　手足相法

▲相手

手為一身之苗關係至巨。而相手之法。諸家立論各殊。柳莊云相手之法。先看五行次察八卦掌有厚薄。指有長短紋有淺深色有明滯務要君臣得位五行得配八卦有停賓主相勻形局相合指甲乃筋之餘指細主人聰明掌紅潤財與祿足暗黑家破財空掌心有肉乃祖父根基手背有肉乃自創基業柳莊偶經小巷少見一手傾水於窗外色瑩如玉光射八目男子當入翰林若為女手定作母后過後查詢是一良家少女旋此女入宮為妃坐正統者也無論男女之手均宜血潤色明指長紋細心背有肉為妙。

▲范文園先生相手五法

一論手紋　手紋或散亂而粗俗或成形而細秀皆從胎元中所成故可辨別根基也貴人掌紋大抵有情清楚天然成字文理瑩潔端美俗人之手紋必粗斷不粗斷則散亂或有紋冲破或昏暗模糊蓋掌之有紋如木之有理木有奇紋便為奇材手有美紋便為美質故手無紋者為下相有紋細而淺者為上相深者吉紋粗而淺者賤貴人之手筋不浮節不露白如玉紅如火直如幹軟如綿紋欲其清而秀或成器物或成形象端祥瑩潤不富則貴俗人之手短而筋硬如石粗如土曲如柴肉浮腫多節無紋筋骨粗露紋斷紋亂紋粗紋淺肉暗肉焦色黑色枯不貧則夭。

二論指掌　指為龍掌為虎。(參看後指掌圖)龍骨欲長虎骨欲短手欲軟而長膊欲平而厚骨欲圓而低腕節欲小指節欲細骨露而粗筋浮而散紋緊如縷肉枯而削皆非美相指長掌短聰明多才掌長

指短無事得謗指如春筍者聰明指如鼓槌者愚頑。
指如剝葱者多祿。指如竹節者貧窮指硬而疎者破
敗指柔而密者多金手香煖者清貴手臭冷者下賤。
手傴强如豬蹄者愚魯指軟滑如錦囊者富貴十指
於道路十指纖幽閑清福指節漏風財散不聚中
三約並通財祿指紋一約一定爲走卒一指兩節終亡
指爲主四指爲賓賓主相稱爲美二指長者主近貴
四指平者小人不足小指長者貴得奇福

三論五指損傷　五指損傷亦有所主大指破損
二指破剋剋父三指破剋母四指破剋妻五指破損子。

大指駢者主母帶疾指甲堅厚者壽長軟薄者壽短
甲黃而瑩者清貴甲白而淨者閑逸甲如明瓦者無
巧甲如板瓦者醇厚甲枯短者不宜爪甲碎裂者無
成指甲滋潤者財穀盈皮乾肉枯者命孤而夭又
云艮（參看八卦圖）上不宜鋪白板掌中最忌宿
烏鴉白板者棺材紋烏鴉者黑氣也生不全者無妨
生全者其年生其年死黑氣生於坎宮者主落水死

震宮黑者被雷傷兌宮黑脈過艮宮者主虎傷巽宮
黑脈過乾宮者主蛇傷離宮黑脈過坎者主見災（
欲知掌心八卦參看八卦圖）

四論掌心八卦　掌分八卦定其宮位　觀其氣色辨
紋脈之貴賤排震兌坎離爲春夏秋冬分乾艮巽坤
爲四門四時不調則萬物天閼四體不端則一生困
苦明堂紅潤喜事臨身八卦高豐終身富貴乾爲天
管兒孫之貴賤坎爲地管祖父母之根基艮乃丑位
氣色財帛之豐震富乾宮高聳主長子之權豪坎位高
管兄弟和順震爲卯位管奴僕之得力中央明堂管
堆受前人之庇蔭艮宮剋陷損子父於初年震上高
朝置田宅於一世巽宮散亂都爲游蕩之徒離位突

八卦圖

高必作功名之士坤宮帶破招兒女以淵零黿位有
傷定夫妻之鰥寡掌通四起容止君子粗骨露筋多
災俗手掌如噴火衣食足掌中嗫血財寶豐手有仰
羊行不裝粗手如散糠一生怏樂

五論掌　手足關一身之得失觀五行而配合分形
局以辨魚龍五行不合則萬物不生形體不稱則家
業難成相手之法先觀掌之細膩端方偏削硬薄次
察紋脈血氣之根蒂再揣摩骨肉之平和量其指頭
爲天子九羅生於八卦五井現於離宮官居極品掌
之長短然後看浮筋露節之凶情方可論斷萬金書
云紋如南星現於中宮列土分疆北斗列於正宮貴
心印紋乾宮方印定爲太師文聖紋秀如錦滿掌嘆
血資財百萬巽離坤三峯高起金玉千箱紫繼紋金
井紋玉階紋雲環紋六花紋棋盤紋皆主富貴三才
紋如散亂冲破者主生少成多敗夜叉紋橫死紋皆主
刀字紋枷鎖紋尖角紋棺板紋覆舟紋散亂紋皆主
貧窮凶天鬼谷先生云論掌最重在五行合格不合

格而一般相士皆稱指頭修長紋秀者主貴殊不知
士形人指欲圓厚重實如指掌細長者不合格局相
書論指掌取肉圓充足者吉殊不知木形人取紋脈
修長瑩瘦者爲合格如指大而掌重實者又爲不稱
雖有好處難期大富大貴也金形人取指掌端方水
形人取指掌圓滿火形人取指掌紅活土形人取指
掌厚重水形人取細瘦紋秀反此則皆爲不合格局
凡身肥大而面圓滿者爲水形若手薄細而指尖長
便爲不稱水局身瘦長而面細秀者爲木局若手厚
重而指粗大者又爲不稱形

（參看五行形色節）

根本指掌爲人之枝幹相八須手面並觀十不失一
然亦有好相鍾於面而不鍾於手者亦有好相鍾於
手而不鍾於面者常見貴人有手粗紋粗者何也乃
係土形人不忌掌之粗厚無紋然必眉目英發故主
貴而多勞又常見俗人之手紋細紋秀者何也此爲
木形合格局但嫌眉目不秀未得貴顯僅享清閑之

福總之相手祕法。必先分五行之肥瘦短長合格細

察眉目聲氣之清濁然後分別賤貴判定窮富庶乎

不差矣

△相手背紋

手背之紋其驗尚矣故有人和之理。五指皆近於上

兩節者謂之龍紋主爲天子之師生於下節者爲公

侯生於中節者爲使相生於無名指者爲卿監生於

小指者爲朝郎生於大指者主巨富毛背五指皆有

亦曰明堂有異紋黑痣者主藝高貴若紋成飛禽

橫紋旋繞者主封侯理貫者主拜相手背直指之本

字體者主清貴大指本有橫紋者謂之空谷紋主大

富有紋繞腕周旋不斷者謂之玉釧紋主人敬愛一

紋二紋者朝暮之榮三紋以上者清顯之貴男女皆

同其紋須得周匝若斷續不匝者無效也

四季紋

（惟四時生旺刑剋以定）　春青夏

赤秋宜白四季之中黑喜冬秋赤冬

黃春見白夏間逢黑總爲凶

四〇

帶印紋

（主身帶印爲太師）　掌上紋如帶

印形前程合主有功名莫言富貴非

吾願自有清名作上卿

兵符紋

（出將入相昔陳平有之）　兵符紋

現掌中央年少登科仕路長節或定

應權要職震戎邊衛推旋踵

金花紋

（主男人封侯女夫人）　紋帶金花

印立身此身富貴不憂貧男兒指日

封侯相女子他年國內人

拜相紋

（其手如琴者昔張良有此紋）　拜

相紋從乾位尋其紋好似玉腰琴性

情敦厚文章異常得君王眷顧深

雁陣紋

（或身紋生者又名朝衙紋）　朝衙

紋類雁排行一旦功名姓氏揚出入

皇都爲將相歸來身帶御爐香

左欄：簡易相法祕傳

上段

三峯紋　三奇紋　玉柱紋　六花紋　雙魚紋

（文章大器）雙魚居敬學堂中冠
世文章顯祖宗紋過天庭更紅潤爲
官必定至三公

（六花爲待從之聯慶年）若人有
官須作相慶來晚歲耀朱門
此六花紋他日深沾雨露恩可許爲

（中年發達）玉柱紋從堂直去爲
人膽智必聰明學堂更得文光顯一
定中年作相公

（更有學堂科名及第）三奇紋現
無名指一路分開三箇紋一在退宮
並堂內拜相金門拜相臣

（主富貴）三峯推起巽離坤肉滿
高如束樣圓光澤更加紅潤色家中
金玉有良田

下段

車輪紋　學堂紋　玉井紋　立身紋　美祿紋

（一生安樂）美祿紋如三角形偏
宜三角帶橫生自然衣食常豐足到
處追陪自有情

（二中帶手日紋）立身紋上印堂
豐堂堂形貌氣如虹他年顯達須華
貴終是朝中一相公

（佐理朝綱）一井紋爲福德大二
三重井玉梯紋此人一定能清貴出
入朝中佐聖明

（細者貴）母指由根論學堂節如
佛眼主文章金門選舉須科甲名譽
清高遠播揚

（主大貴）此紋圓滿主軍輪必是
皇朝館殿人更看紋全名杖鼓封作
諸侯百里臣

四二

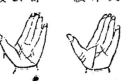
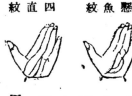

懸魚紋　四直紋　天印紋　奇扶紋　寶輦紋

（文章榮身登科）　懸魚紋襯學堂
全富貴當時正少年一舉首登龍虎
榜踏龍作馬玉爲鞭

（中年富貴）　四直名何求中年不
用愁更宜紅潤色一旦便封侯

（生乾位震位爲從之相）　天印紋
生乾位上文章才調自榮華爲官平
步天街上凡庶堆金積滿家

‡
（紅潤富貴）　奇扶紋出無名指膽
氣高強難並比手紅色潤是多能自
是平生招富貴

（封侯富貴）　寶輦紋奇異相形端
如日暈掌中心是環定是封侯相錢
樣須多穀與金

四八

三日紋　金龜紋　筆陣紋

（名冠儒宗）　三日精瑩現掌心文
章年少冠儒林須知月闕高攀桂四
海聲名值萬金

（在命宮主富貴雙行在宅亦好）
兒宮西岳起隆隆文似金龜氣象雄
退算定須過百歲居家金寶更雍容

（登科）　筆陣紋生陣多文章德
行勝鄒軻中年得意登科第福祿無
疆着綺羅

▲相足紋（附足紋圖）
足上載一身下運百體體雖至下。其用至大。是以可
別妍醜審辨貴賤也。足欲方而廣正而圓膩而軟者。
富貴之相也窄而薄損而短粗而硬者貧賤之相也
脚下無紋理者下賤足底有黑痣者食祿足大而薄
者下賤足厚而橫者貧苦脚下成眼者福及子孫脚
下旋紋者令譽千里脚下平如板者貧賤脚下可容

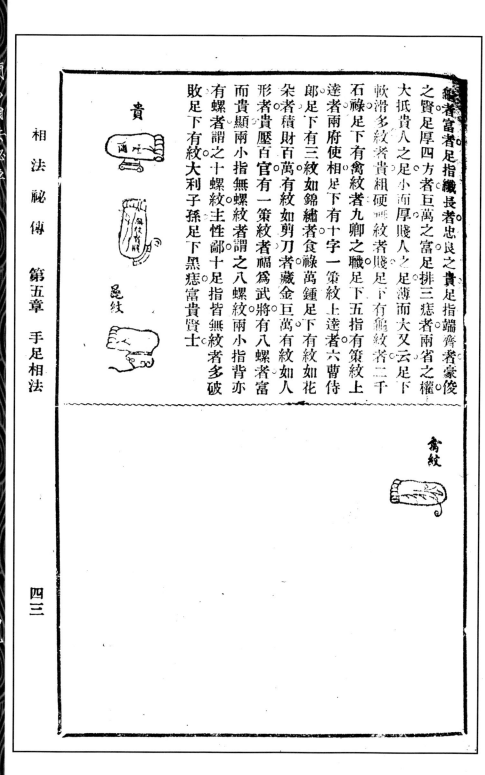

細者富者足指纖長者忠良之貴足指端齊者豪俊
之賢足厚四方者巨萬之富足排三痣者兩省之權
大抵貴八之足小而厚足薄而大又云足下
軟滑多紋者貴粗硬無紋者賤足下有龜紋者二千
石祿足下有禽紋者九卿之職足下有十字
達者兩府使相足下有十字一策紋之職足下五指有策紋上
郎足下有三紋如錦繡者食祿萬鍾足下有紋如花
朵者積財百萬有紋如剪刀者藏金巨萬有紋如人
形者貴壓百官有一策紋者福爲武將有八螺者富
而貴顯兩小指無螺紋者謂之八螺紋兩小指背亦
有螺者謂之十螺紋主性鄙十足指皆無紋者多破
敗足下有紋大利子孫足下黑痣富貴賢士

貴

龜紋

齊紋

第六章　形神氣色骨肉相法

▲相形

夫人稟陰陽之氣。肖天地之形。受五行之資爲萬物之靈歷觀諸大家相形祕訣必驗五行格局以別美惡。

【雲谷山人定形格訣】凡相有肥瘦先後之不同。惟手掌定在先天老少不能移易。故求形必先求掌。方得識眞種子。倘以相之肥瘦定人。差之遠矣況金木水火土五形。俱有肥瘦如金形若石石有大小堅輕之別木形若樹樹有清秀凝濁之殊火有太陽燭之分水有江河溝洫之別土有泰山邱垤之異若以肥瘦定人豈不謬哉至於無氣格者其相不足道矣。

▲雲谷山人五形歌訣

【金形】頭圓面圓耳又白齒白唇紅身不黑骨肉調勻鬢髮疎腹圓背厚聲清拍掌平方厚額起骨胸平有肉肥合格行動身體不輕浮。乃是金形露貴格。

【木形】掌瘦指長頭又長鼻長身瘦腰又窄眉疎鬚疎髮疎聲清現喉方合格行動飄逸身仍定耳白唇紅且高額便是木形富貴人兩眼有神分黑白。

【水形】肉多浮腫腹低垂眉濁髮濃眼露聲帶痰滯音不響唇厚口大臀多骨頸多皺肉行難穩指短肉多掌心關此是水形合格人細看神強富貴大。

【火形】頭尖肉紅性又急髮焦鬚黃鼻露骨額尖骨露眼睛紅眉上吹毛胸又突指掌尖薄丼露筋行動身搖耳尖拂聲焦破額孤高唇超露齒火

【土形】頭平頂正鼻頭豐地閣朝元方正宗枕骨

四四

平橫面黃赤背腰平厚腹垂洪頸短掌方足背厚

聲沈耳厚髮眉濃眼長額起面田字五岳相朝富

貴公

▲范文園先生五行論

五行之說始自箕疇後之名相家都以五行定形判

人終身禍福立說雖微有異同而所定五行格局則

大致相同呂祖亦爲神相家其論五行入門訣云金

形方正色白潔肉不盈分骨不薄木形瘦直骨節堅

色帶青分人卓犖水形圓厚重而黑腹垂肩聳骨氣

魄火形豐銳赤焦燥反露氣枯無常好土形敦厚色

帶黃臀背露兮性樂靜

五行論相須識其源紅黃黑白各有所配肥瘦長短

各合其度要知生人無有不得金木水火土五行以

成形至於辨別之法木形青而瘦長金形白而方正

水形黑而肥圓火形赤而尖露土形黃而敦厚以爲

五形之正局。金形人取面方耳正眉目清秀唇齒得

配手端小而方腰腹圓正色白氣清爲正鼻準三陽

不宜帶赤若土內埋金之象主多災難輕則破家重

則死亡所忌火旺然氣清色冷又宜微火則寒金逢

火煉方成大用金形主方得其五方氣色不雜精神

不亂得止規模坐久而端重也。木形主長得其五長

氣色不雜精神不亂動止溫柔涉久而挺直也。水形

主圓得其五圓氣色不雜精神不亂動止寬容行久

而條達也。火形主明得其五露氣色不雜精神不亂

動止發揚聰明而敏捷也。土形主重而實得其五藏、

氣色不雜精神不亂動止持重臥久而安泰也故論

五行之相必要分五行之形而辨五行之性方肉其

骨也陳搏先生曰相法雖論金木水火土五行中自

有各別之分與相生相剋之理然就一行之中更有

分別著且論金亦有丹爐煉足紫赤之金亦有沙水

寒冷之金亦有烈火燒煉之金且論木亦有蒼松翠

柏之木亦有千丈擎天梁棟之木亦有益景花草與

楊枝斜曲浮朴之木且論水亦有千巖萬壑流泉之

水亦有江海相聚相交和靜廣大之水亦有汙濁混

雜浮泛淺狹之水。且論火亦有上下通明。無所不照。
之火。亦有鬱鬱不明。草木將灰淹滯之火。亦有炎炎
急躁暴烈之火。且論土亦有萬年山水永結一氣厚
重之土。亦有沙石灰汚不實之土。亦有水泛木浮而
不得氣之薄土。所以ㄨ祖祕訣云。相中雖論五行為
根本。然而奧妙之法。要採眉目之清秀。口鼻之端詳
精神之榮暢。氣宇之廣大為枝葉也。

△五行吉凶

金逢厚土足實足珍。諸事營謀遂意稱心。(色日氣
清金也骨內厚實土也為金逢厚土)

木水相資富而且貴。文學英華出塵之器。(形懶瘦
直木也色玄氣清水也為木水相資)

水得金生利名雙成。智圓行方明達果毅。(肉肥骨
輕者水也氣白色清者金也為水得金生)

火局遇木鳶肩騰上。三十為卿功名蓋世。(氣色紅
活火也形體挺直而鬚眉清秀木也為火局遇木)

戊己甲丁愈煖愈佳。其道生成。(形體厚重土也氣
色鮮焰火也此為得氣之土易乎發生也)

五行論相更有相生相剋之局。兼形者多眞者最難。
故五行八得其一行眞者。無有不大貴若兼形者即
五行中擇其多者為主。然後定其生剋。如相生者水
者金木宜帶水火宜帶木土宜帶火者如是也。相剋
火火不宜兼金。水水不宜兼土。土土不宜兼木。木木
不宜兼水。此乃古法。又有五行順而合。僅主雖貴
者木合火水合金土合木此順而合僅主多富貴
亦在浮沈之間。如逆合者更奇。如金與火仇有時金
多火少合。火推之水旺宜土水土皆然。此為逆而合
其貴非常。所謂逆合者白多紅少。金行帶火則然。紅
多白少火行帶金則三十死矣。水形帶土黑多黃少
則然土形帶水黃多黑少則孤寒矣。木形帶金青多
白少則然金形帶木白多青少則刀劍隨矣。如逆合
者金不宜見火。然而耳面身手皆方正色白者雖得
金行之眞局。如骨太清肉太潔神太徹氣太冷者得
火色益於神及為寒金逢火煖。非此謂夭亦夭之火

剋金反得其生也論木形人有甲木乙木之別甲木

形體骨格背森森軒昂聳直也若帶金斬削方成棟

梁之用如乙木頭面身手皆瘦弱瀏細若帶金何妨

斷削故非貧即夭論水形人貴在於眞氣魄耳爲江

瀆之源深深竅闊爲得長江之氣魄目爲河瀆之源

澄清澈底爲得懸河之氣魄鼻爲濟水之源豐隆高

厚爲得濟土之氣魄口闊爲海瀆之源深厚安藏爲得

大海之氣魄水形人得此爲眞氣魄主爵高位顯如

耳輪缺爲江水泛鼻肉溢爲濟水泛目睛潤爲河水

泛口唇灘爲海水泛具此數者雖得水形之疊局亦

敗相也論土形忌平木剋然土重又宜木之疏通也

何爲木之疏通惟土形人骨氣魄皆深厚重實其

秀氣不能常現於面目之間察其喜怒情動意開之

時神燄光氣倜澄淸鬚眉翠秀此便爲木之疏通

也開後復隱於氣魄之內識者最難書云淸亦貴濁

亦貴神濁氣淸神淸氣濁氣無形此論原辨

土形人氣魄廣大驪然不能辨別神氣秀處之說也

至於火形人論形與金木水土四相不同氣不宜藏

形不宜靜目長耳大爲忌鼻豐口闊爲忌何也此皆

火形之相形也故論火形耳高露鼻高露廓乃正也三停俱

帶尖得其中矣鼻嶢露珠得其用矣而亦睛紅合其

格矣誠爲大貴之格也

△論形定局

論形定局辨五音合五行則大貴之格見矣如木形

嘹喨高暢激越而和火音焦烈嗓怒如火烈之聲金

音和而不戾闊而不枯水音圓而淸而暢達土音

重厚如洪鐘之謠韻此皆宰相之材也即以土形論

有等形體敦厚骨肉肥大氣魄重實聲音尖細者爲

土形不得土音合局若乃虎頭龜背鬚垂近如

也徹而不瞬口敦如也闊而不張虎頭龜背鬚垂近

腹泰如也與之行俯然而色華與之言泛然而後慮

浪驚舟側而不懼是土形之最正者又如木形之正

局身長挺直者木之英發也眼有藏眞者木之含秀

也脣紅灩厚者木之根深也聲響遠震者木之內固

也氣瑩而鬚眉光彩者○木之得氣也○凡人之相雖取
肉肥氣和爲貴○殊不知木形人○便是極瘦之體紋理
若能色澤瑩潤又爲精神內固也○金行金局或貴而
忠或富而夭○蓋雖論五行得其一行眞者不貴則富
有等得一行眞而若不得其性者○非眞局也○有等行
眞性合而又不得眉目神彩秀麗之合局雖有吉處
非大器也○更有金形得金局眉目合格者○其間或頭
尖額尖鼻尖鬚眉赤色聲音焦烈弗貴也○

△飛禽走獸形之善惡

人之取形由氣之取象○以天地風雷水火山澤八物○
以配八卦而取法之○不異乎此也○凡欲觀人形貌不
取乎形狀飛走之類○須憑巧意以推然正形者迥牛
舞鳳戲獅伏龜游鵝浮鴨攀猿坐猴蟠龍踞虎搏雁
皇鶴之類得之○仿彿者皆可取也○體貌嶵岩者名爲
龍形○容貌端正者名爲鳳形○清瘦脛長者名爲鶴形○
秉性曠達身膚綏肥者爲麒麟形○器宇軒昂者爲獅
子形○身圓而瘦性劣臂長者爲猿猴形○眼金睛而威

猛背脊連枕者爲虎形○鼻大身肥手足厚大者爲象
形○行驟性急口闊鼻長者爲馬形○此則言其大略也○
天罡曰正龍形○岩峻面長鼻高耳聳眼圓睛露光照
四遠眉闊高長○貌端嚴身體長大骨格清秀擧止
出衆有威權足機變也○全虎形頭大額闊鼻豐口方
身長安泰○金而瞻視平遠○光彩射人豔髮疏硬語
聲如雷○行步重厚也○麟形頂骨高聳形態軒昂高
眼深眉粗額闊○獅形眼白睛黑圓滿而大○山根缺
陷口闊方眉○婆娑多豔鬚也○鶴形神清骨秀額粗項
長步闊性柔聲音清爽也○鹿形眼靑黑長耳聳高露
面頰多鬚○身手多毛行步多走也○牛形身魁梧性緩
慢眼黑常動○項頭廣行步緩也○蛇形頭長額側而
平眼赤細圓○口闊身粗鼻瘦卑○紅齒大腰軟頭搖仰
走也○馬形面長昂○無額地闊尖削口聚髯鬚粗直
急也○羊形下睛濁露白也○猪形頭闊面長眼毛長耳大
多生額下○晴白也○狗形頭大頂粗睛黃面尖口聚
無輪廓項短肉肥也○

耳小而聳，性急也。鳳形眼細秀，眉長清，鼻高圓小身，細骨清肉秀，聲音谷響也。鷹形頭方額圓，鼻曲嘴鈎，眼圓金，亦射人，耳卓口尖，性性急也。孔雀形面小身，大眼小睛圓，性慢誕，愛華飾美也。鷺鷥形身小眼，細長眉薄，頭方項長脚，腿細腰輕飾也。總之形似飛禽，形似走獸，其貴賤取類而言之，類於優則優，類於劣則劣，或類其小為小人，若類其大為大人，其吉凶禍福無不驗也。取形固取乎神似，猶側重於雙目，如龍目若懸珠光芒不動如秋水，名滿天下。虎目大而威，光射人，終為將帥。牛目大而微黃，性慢敦厚。鳳目細秀眉長，乃真貴八。鶴目昂頭視物，可享清閒之福。馬目神凝色昏，平生勞苦。龜目睛黃圓小而縮頭仰視者，富足清開。猪目神昏視斜，圓大混濁，多死非命象。目眼小神藏，身肥下視，專受人驅使。鷹目金睛有光，射人可畏，自強好勝，臨危惡命。蛇目小而圓黃，視下行步掉頭，與人交終有害人之心。鼠目圓小暗黑，若漆視物必點頭，為人多巧貪利，終為盜。猿目朦朧仰視，性好顚狂，必為敗倫之輩。狼目盛眉俯視，黑多白少，或帶黃色偷視，心性貪婪。羊目白睛多赤，似昏似暗，賤遭橫死。犬目睛黃三角，低頭斜視，好說是非。

△富貴壽夭貧賤孤惡諸形相歌

、富相形厚形安氣清聲陽，項大額隆眼明眉闊耳厚，唇紅鼻整面方，背腰垂，牛齒鶴行聲响谷出，皆富相也。貴骨細皮膚滑，腹垂，雙眉入鬢長骨，時神氣穩，須作大功臣。兩眼神清爽，雙眉入鬢長骨清，神聳直，早見坐朝堂。壽相肉綏精神爽，如龜背脊豐，聲繼垂項下，此壽比椿松。壽堂深一指，知是老人鄉，眉生毫長白，閒居百壽長。天相氣短兼齒疎，神迷色帶烟，三長更三短，那得有長年，口細胸脯凸，頭低勢不昂，肥人如氣促，妻子守空房。貧賤相頭小額窄，耳薄皮粗，口小肉綏，形俗神怯，氣濁聲破，腰折背薄，脚長肩促，鼠食蛇行，皆貧賤相也。孤苦相眉似羅漢，鬢若剃，官眼常流淚，聲雌帶哭，人中獨口紋裙幅，性好獨食，財上算盡刻絕，如此情性不問。

孤形寒骨

薄相薄者體貌劣弱形輕氣怯色昏而
暗神露不藏如一葉之舟而泛重波之上見之皆知
其微薄也、惡相惡者體貌凶頑如蛇鼠之形豺狼
之殼性剛氣暴骨傷節破目露聲爽皆知其凶惡必
多形厄也俗相俗者形貌皆濁如塵中之俗物縱
有衣食亦多迍邅

△相神

神居內形不可見。養以氣神爲命根氣壯血和則安
固血枯氣散神光奔英標清秀心神爽氣血和調神
不昏神之清濁爲形表能定貴賤最堪論
神不欲露露則神遊則必凶神貴內隱隱然望之有
畏服之心則爲貴凡相甯可神有餘而形不足不可
形有餘而神不足也神有餘者神貴形有餘者富神不
欲驚驚則損壽神不欲急急則多誤又須相人器識
器宏則能容而德乃大氣高則能曉而心乃靈器淺
識卑雖有餘貴則君子未免爲小人也、

【神有餘】

神之有餘者眼光清瑩顧盼不妄眉秀

而長精神聳動容色澄澈舉止汪洋儼然遠視若
秋日之照霜天巍然近矚似和風之動春花臨事
剛毅如猛虎之步深山處衆迢遙似丹鳳而翔雲
路其坐也如界石不動其臥也如棲鴉不搖其行
也洋洋然如平水之流其立也昂昂然如孤峯之
聳言不怒性不妄躁喜怒不動其心榮辱不動
其操萬態紛錯於前而心常一則可謂神有餘也。
神有餘者皆爲上貴。人凶災難入其身天祿永
其終矣。

【神不足】神不足者如醉不醉常如病酒不愁似
愁常如憂戚不睡似睡睡便覺不哭似哭忽如
驚怖不嗔似嗔不喜似喜不癡似癡不畏似畏容
止昏亂色濁似染言語惡縮似羞形態如遭凌辱
色初鮮而後暗語初快而後慢此皆謂神不足也。
神不足者多招牢獄枉厄官亦失位矣。

△雲谷山人相神祕訣

人以神爲主有神則發無神則衰神足則富貴福壽

神衰則天折貧寒。神從何處得。不徒眼中認取合一身動作周旋飲食起居進退言語視聽聲息中求之也。嘗如坐則腰折是無神坐如山峙是有神立則足跛是無神立如石蹲是有神語則斷續悲咽是無神語如洪鐘宮商各叶是有神默則眉鎖容愁是無神聽則如聾如蠢是無神視則昏昧不明動則頭傾身軟言不响亮不發揚食則過緩過迷飲則如流如難不睡而鼻有聲息不語而口常呼吸足搖手擺睡人畏者謂之神足令人慢者謂之神歡此更易於辨仰行俯此皆神不足之謂也至於眼中之神易以揣測有力於視者謂之神旺無力於視者謂之神易令認也眼若無神如醉如癡如昏如迷此必天折貧寒者矣

▲相氣

雲谷山人曰氣與色不同色屬盧氣屬實氣從骨來。色從肉現有色無氣無色終榮天地人三才。(自額至眉爲天自眉至準爲人自人中至地閣

為地是即面部三停。得天之氣旺則風水必發祖德必德夙根必深氣從山林塚墓邱陵邊城諸位認起。(山林管舊風水邱陵塚墓管新風水邊城輔弼管初德天中天庭枕骨管夙根此上停所管三事也新舊風水以三代上下言之)得人之氣旺州家運必昌心田必吉事業必隆從龍宮兩額兩眼準頭諸位細辨(龍宮管家運心田子嗣財帛兩額管權位事業準頭管心田)得地之氣旺則後嗣必隆死獲吉地壽登仙島從地閣地庫水星鬚髯諸位參詳(地閣厚者子得力邊地閣者死得吉地鬚清而結眼有碧光爲仙佛否則難以福澤斷)氣從骨上起如游龍如飛鴻近看無遠看有之不可捉摸似勤似伏此乃旺氣之正宗也諸書言氣皆非多混在色字內看不墈洩氣之指歸也故人無氣有色驟發驟敗有氣有色永發不休氣聚上停少運必發(少運自眉而上主十五至卅四歲)氣聚中停中運必昌(中運自眼至準主卅五至五十歲)氣聚下停晚景乃達

（自五十至七十五歲）時人能認得氣宇看得准

則對面知人之榮通斷人之禍福不爽毫厘

耳有氣輪廓成星辰發耳白有珠竅寬耳厚耳硬反

△辨五管之氣

此無氣

頭有氣頂豐圓骨不孤露有輔弼有枕骨額高無紋

無筋端正無氣反此

面有氣額起肉豐鼻準端隆光潤鮮明無筋無紋無

黑痣骨肉停勻無暗滯色無氣神光如電

黑白明亮能久觀不浮不陷睛大如漆黑

眼眶尖長而秀有神而不凶藏神而不昧無氣反此

額有氣無紋無陷如覆肝如壁立有輔弼無氣反此

鼻有氣上貫天庭山根豐滿年壽有肉光澤無痣準

頭豐滿

諫台廷尉有勢有肉夾準有力不露鼻脊不曲不偏

并灶有欄不仰孔不大硬山根不纖小低塌無紋無

纏豐隆端大長發有勢無氣反此

口有氣不露齒不落當門齒口角仰唇如珠而厚多

紋不薄不反不撮不黑無氣反此

額有氣骨肉調勻高圓起於正面夾拱鼻中無暗昧

色龍宮豐滿無氣反此

地閣有氣則地閣朝元骨肉調勻地庫豐滿波池鵝

鴨不陷鬚不困口鎖喉無氣反此

身有氣頭正身端膊平背厚腰圓胸闊臍深臍仰腹

垂有托手不搖足不跛頭圓而正乳紅堂白多珠點

不露筋骨不偏倚脊平不生槽有臀行動不浮礟洪

有力反此一件則一件無氣

△相色

墨谷山人曰色者飾也現於外者也色有一日一變

有數日數十日一變大抵以久凝者爲實色庶可以

定吉凶然已凝爲實色則必見效驗然後乃散既散

無復再見也倘見效而仍不散者主事還有復見故

不能驟然散也此必細心審辨方知求功名宜額上

黃光印堂紫色兩顴明潤眉中施鹽則利暗則不利

......求子嗣宜三陽明潤黃明色在臥蠶或紫氣在印堂
者佳暗則不利求財帛宜準頭明潤年壽光明則主
大財無論黃紫均吉暗則不利求升遷宜五岳有紫
氣天庭有黃明色俱主升遷倘駟馬或印堂位暗主
降謫色白主丁憂求駟馬（駟馬骨起主貴位於邊
城稍角之間）宜駟馬光明倘暗色主動駟馬不利
黃明在駟馬主得財黑主疾病暗主死亡兼防水厄
盜賊白色在印在額主孝服
青色在山根主憂在年壽主病青在三陽主子災
色在山根主火災赤如濃血在兩額在印堂主官訟
黑在命門在準頭在口在天庭主死黑在兩額主刑
子黑在奸門主刑妻黑在三陽主子死黃色在天庭
主升官黃明在三陽主得貴子黃明在準頭主得財
黃色宜黃明黃而不明反生災病藍色滿面主欠陰
德有陰毒事見紅在印堂主訟紅在兩額主是非剋
財紅在準頭主剋財紅在年壽主血疾面帶紅色主
火災喪身

▲看面上氣色推詳月份定局訣，
正二月是寅卯屬木宜參右耳右額次看鼻鼻乃一
相之主又看額乃天中貴人姑無論黃明黃光紅
明紫氣青潤俱佳總宜潤者為貴暗則不利不必拘
泥屬木定青也餘做此不復贅
三月辰六月末九月戌十二月丑俱屬土宜先看鼻
無論何色總宜黃光不暗青色不利紫黃而明者佳
再額可也如現火紅紅青色不利紫黃山根黃明則佳
四月己五月午屬火宜看額次看鼻總宜紅黃紫色
乃佳餘不利
七月申八月酉屬金宜看左耳次看鼻額若得耳無
暗滯鼻額通明無論黃紫明者乃佳白而生色亦佳
餘不利紅防剋財
十月亥十一月子屬水宜看目唇色鮮紅潤者佳鬚
宜黑色清潤再看鼻額若得光明四透則佳無論紫
黃色明者俱吉至現黑枯及青色俱不利不必拘泥
青宜春紅宜夏白宜秋黑宜冬黃宜四季也看氣色

亦宜扣准節令最要先開部位吉凶。然後乃看氣色。

佳而部位不好可保救一大半。若部位佳而氣色不

好則刑剋終凶。面色最忌紅。凡火災身災官非口舌

刑剋都宜防者。

△相十二宮氣色要訣（參看第一章十二

宮分位圖）

印堂赤色如絲在命宮。或起點如麻主訟。重則凶禁

黑枯如灰主死。青色如銅主禍。白色主喪服刑傷父

母。無父母主兄弟妻子黃色主稱意事。

【財帛宮氣色】　鼻屬土忌青黃色主發財喜慶。青

色主疾病憂患刑耗赤色主訟事膿血黃赤並見

主訟得財白色主孝服破財黑色主囚禁財散準

頭黑色主死

【昆玉宮氣色】　眉要光潤青主兄弟有災黃主喜。

黃左主返田產黃右主返田妻婦赤主兄弟不和

白主爭訟或損手足黑主刑兄弟事有暗昧不明。

【田宅宮氣色】　天倉地庫宜豐滿黃明忌昏暗青

主官非黃主產盛黑主產空赤主爭訟退業白主

丁憂白氣如粉主死亡紅主成田宅黃明主加官

【男女宮氣色】　龍宮位官光潤無滯紫色生好男

女赤色主產厄有驚或口舌膿血青左主生男青

右主生女青枯主子女刑剋輕主子病百不稱心

黃主兒孫有慶黃紫主生貴子白主剋子女瘟疫

水厄黑主白主哀紅主喜

【奴僕宮氣色】　地閣氣色青主損傷六畜奴僕走

失疾病赤主奴僕口舌光明圓潤主返財紅潤主

返奴僕牛馬損傷黑主牛馬不利

【妻妾宮氣色】　魚尾奸門位青主妻妾病赤主夫

婦口舌膿血有孕主防產難白主妻私通刑妻黑

白主夫妻男女悲哀破財損傷肢體分離黃色主

和諧

【疾厄宮氣色】　山根氣色青主憂驚赤防重災膿

血白色主妻子悲又防手足傷黑主自身病紅黃

紫主喜

五四

六〇

【遷移宮氣色】天倉邊地驛馬山林髮際黃明主
財喜貴人利動。官升名就亦主是非驚恐官訟白
主奴馬走失手足傷黑主道路死亡出外慎防橫
死水厄黃色主利。

【官祿宮氣色】天庭中正位黃紅主升官得名得
利訟有理青主憂疑訟累在官百事不稱心主刑
獄災厄因訟傾家兵傷黑主降謫瘟疫黑氣如磚
瓦色主死於牢獄枷鎖。

【福德宮氣色】天倉地庫位青主憂疑驚恐家宅
不安赤主是非又主酒食白主災疾黑主進退憂
疑紅主吉。

【相貌宮氣色】相父母宮日月角。青主父母憂疑
口舌相傷黑白主亡紅黃主親有慶。

△相病人氣色
凡病人病重而氣色大好者必死所謂殘燈復明也。
病人準頭直至年壽上口現青色雖四岳尚佳亦必
死

△相掌色祕訣
掌甲噴紅財帛豐盈掌中生黃家有死亡掌中生青
定有憂驚掌白不潤時運未運掌色乾燥財帛有刼
掌中烏鴉（黑色也）主多疾病掌中紫色乾財祿炎至
掌中卦暗求謀未遂掌上紅黃財帛來忙指上光潤
運通色暗運滯。

△相骨大概
麻衣先生曰骨即象金石欲峻不欲橫欲圓不欲粗
瘦者不欲露骨（肉不輔骨而骨露乃多難有禍之
人）肥者亦不欲露骨骨與肉相稱氣與血相應骨
寒而縮者不貧則夭日月角之左角之右有骨直起
為金城骨位至三卿印堂有骨上至天庭名天性骨
從天庭貫頂名伏犀角位至公卿面上有骨卓起名
額骨主權勢顴骨相連入耳名玉梁骨主壽考自臀
至肘為龍骨象君欲長而大自肘至腕名虎骨象神
欲短而細骨欲峻而舒圓而堅直而應節緊而不粗
皆堅實之相也。額骨入鬢名驛馬骨左目上日月角

骨右曰上曰月角骨骨齊耳為將軍骨兩溝外曰巨
鰲骨額中正兩邊為龍角骨
又曰骨不聳分且不露又要圓清秉秀氣骨為陽分
肉為陰陰不多陽不附若待陰陽骨肉均少年不貴
終年富貴骨聳者貴骨露者無力骨軟弱者壽而不樂
骨横者凶骨輕者貧賤骨露者恐俗骨寒者窮薄骨
圓者有福骨孤者無親又云木骨瘦而青黑色兩頭
粗大主多窮厄水骨兩頭尖富貴不可言火骨兩頭
粗無德賤如奴土骨大而皮粗厚子多而又富肉骨
堅硬壽而不樂或有旋生頭角骨者則享晚年福祿
或有旋生頤額者則晚年主富貴曰骨入骨節細圓
長骨上無筋肉又香君骨與臣相輔不愁無位食
天倉骨粗豈得豐衣食祿位因無且莫求龍虎不宜
相剋陷筋纏骨上賤堆憂

△相骨要訣

范文園先生曰骨有見於膚表者有藏於形氣之內
者在表者易知庸相之所憑也在內者非按抑而知

非推來而得隱隱隆隆若浮若沈相者以精神取之
可以神遇未易以言傳也又曰頭為六陽之首百骸
之主目為一身之精通諸竅之靈一身精神在乎兩
目一身貴處在乎頭骨故諸家無論形骸貴八根器
先觀神骨開眼見此為第一頭有七十二骨內有
最佳者二十四般皆主王侯將相唯形之後名曰星
台故腦後有骨圓起如珠方起如印横起如山高起
如枕或成天圓地方日月並昇或成品字連環仰月
三台皆主大貴白衣亦能封侯有等枕骨横起而無
肉無氣者或額顱骨坍塌者或眉骨
伏起眉毛散落者或龍角骨隆起而鼻骨饒於兩角
者或腦後玉枕骨高起而潰壞者或頤骨隆起鬢髮
如毛者或頭目有奇骨而目疾泛光無神者此必損
陰隲而變相也須防破敗死亡之厄相書云頭無惡
骨未可盡信也人有奇骨者雖主貴壽亦必須取精
神氣魄相輔方受天祿若有奇骨而無奇神相應縱
是壽不孤則貧矣有等頭額骨凸腦後骨高常受孤

相法秘傳　第六章　形神氣色骨肉相法

貧者何也此必骨露無神如山石之不得氣則孤露
矣有等形體柔脆而反得貴壽者何也此必有神骨

填之也。故相眠取神爲貴相骨取氣爲靈也。
相論根器貴質有六内得其一便可定貴頭腦異骨

△骨格部位圖

爵武主公侯

貴一品得爵文主伯子男

庭大貴北人主侯南人主

角平員大富貴額骨插天

貴地閣豐貴主大富福額

圭貴顴骨上天倉主大富

駟馬骨起主貴舉骨冲印

眉間華彩目中眞光鼻純梁柱聲內餘韻掌中錦紋
貴賤皆定於此骨法中貴者莫出於頭腦頭如覆磬
乃百部之珍一身之貴一曰頭人之禀氣結胎腎惢
額如龍角腦骨三台雖兩目不佳亦貴辨骨之質取

頭大面小
中年大困

頭骨尖斜
觀頭偏亦然
頭尖削則難
言福壽依偏

朝鳥啄陷
出門不利

眉骨露太凶 早刑

中正斷掌
印陷多夭妻凶
少年刑剋早中
年主刑夫

黑點奸門主妻妾死難
顴露骨主
性剛刑尅
財帛主口

耳偃主運邊

財破折天主凸眼
顴不起中
運無成
露筋暴露神

三陽太淺主子無壽
三陰空

波池圓滿主富貴
頭偃顴主
悔内

五音不正上下
歪斜折刑
朗不朝主
尅子刑財

相法祕傳　第六章　形神氣色骨肉相法　五八

頭骨聯者貴扁次之碎最下故頭取圓圓則聯偏塌
不合不貧則夭矣辨骨之色以紫爲貴靑又上白斯
下蓋靑則氣淸紫則氣秀白若無氣則寒薄之徵也
許負唐舉辨淸濁疑難者有四一曰淸怕寒實
淸怕寒者面白而薄眉淸而疎眼眶細長似乎淸然
而辨眼淸濁處在神於睛內取之不在目眶也故目
淸無神骨弱無色肉嫩無氣曰淸而寒濁怕實者骨
粗而又皮粗髮濃而又毛硬目露皆浮曰濁而實或
間淸又貴濁又貴如何辨曰淸白而有神
不必論氣古云神淸氣弱氣無形蓋謂眼神若到秀
處無氣而氣自生故神全得氣全得形而形全
矣濁又貴者相中原非濁乃形厚格魁氣過於神而
神不見然正取在氣全得神全得形全矣
又曰太淸曰孤太濁曰愚何以辨別曰太淸者形淸
骨淸而精寒氣冷者是太濁者骨硬肉粗神岿氣剛
毛髮粗重者是此尤賤而不可取也

▲相肉

麻衣先生曰肉所以生血而藏骨其象猶土生萬物
而成萬物者也豐不欲有餘瘦不欲不足有餘則陰
勝於陽不足則陽勝於陰陰陽相勝謂一偏之相肉
宜堅而實直而聳肉不欲在骨之肉爲陰不足骨不
欲生肉之外爲陰有餘故曰人肥則氣短焉死之兆
喘是以肉不欲多骨不欲少也暴肥氣喘速死之兆
肉不欲橫橫則性剛而倾肉不欲緩緩則性柔而有
滯肥不欲亂紋露露滿者近死之兆肉欲香而煖色
欲白而潤皮欲細而滑皆美質也色香而煖黑而
臭瘡多如塊非令相也若夫神不稱枝幹筋不束骨
肉不居體皮不包肉皆速死之應也詩曰貴人肉細
滑如苔紅白光凝富貴來揣着如綿兼覺煖一生終
少惹凶災又曰肉緊皮粗最不堪急如絈鼓命難長
黑多紅少命多滯遍體生毛性急剛欲識貴人公輔
相芝蘭不帶自然香

第七章　坐臥行動言語聲音血脈飲食相法

▲相坐臥

坐欲端正嚴肅男女皆然。不宜體搖身動足亂頭垂。凡此皆不足之相也坐若邱陵者主大貴坐欲肩圓項正體平起坐舒適此皆貴人之相也柳莊詩曰坐若邱陵穩且平。為人忠孝立功勛。若是體搖並足動。愚頑下賤不須論臥乃寐之安不可不穩凡臥如龍之盤犬之曲乃貴人之相也凡睡將手抱頭者善明詞訟長腳長手為停屍睡大不好也睡長夢多自言自語者乃狂詐之徒書云只因夢裏多狂語每向人前誑語多凡睡背仰天者主餓死睡中搖足者乃上等之相睡中啓口者惡死睡中開眼張口者必遭刑戮曲呼來還言吼管教白手起千金凡呼欲同聲高方妙眠宜身曲行宜身直方為妙格。

▲相行動

此乃一身之舉動形迹之所流露也貴人之行氣從

下降力聚踵履之間故身不搖而足不亂也賤人之行多伸縮多偏倚天人之行多過頭剛人之行多軟弱多輕浮牽走之人不住址狡人之行多挺秀商賈之行身重而腳輕封君之行身重而足定（背厚臀圓有福之象）位小者行必搖手力在股肱位大者行必身莊氣藏胸背

▲相言語

言語關乎榮辱輕則招尤訥則寡怨泛言多露齒狂言多口大慎言多唇長直言多齒急言者多口薄詐言者多齒小好說便宜者多口反好說短長者多口疏當門齒大而齊不狡不毒當門齒小而斜不謹不信舌大口小多言不了舌小口大言語急快舌大多紋言必合理舌長者言有根柢舌短者言無經濟舌上黑暗言無終始舌內鮮紅言必有中語未出而舌先見好語人非語不已而頭下垂心非口是此乃

相言語之大略也。

▲相聲音

夫聲音者以氣為根。氣未發而聲先變。主不藏主事難。掌重權聲與氣相爭出謂之噪。哇主性急財祿不足。聲未鳴而氣先出謂之太溢。主壽不足。氣出於聲發為韻有聲無韻裕骨格。有韻無聲貴人胎故貴人之聲出於丹田與心氣相通混然而外達詳緩沈達而開談有含情語終留餘響不唯雅人兼是國士小八之聲出舌端者聲之表也。一聲出舌端快捷低小一句未絕二句便接如秋蟬晚噪驟馬聲嘶。俗惡難聽終為貧賤也。丹田者聲之根也。舌端者聲之表也。所以聲從丹田內出有聲有韻有音遠而不散。而不已淺而能壯深而能藏大而不濁小而能彰細而不亂幽而能鳴餘響滴瀝似若笙簧宛轉流韻此為好聲好聲者並保祿位從舌端上出有聲無音無韻響則盡去則不遠噴噴若孤鳴粗濁飛散細嗄寒濁撥亂淺溢沈濁痿弊舌短唇強蹙急無韻乃惡性人也。主有禍難名刑獄

厄有官必失有福必礙來。和子曰聲與韻何以辨師曰禽無聲獸無音。聲主張發處尋見音主斂欽處尋見。相中論聲雖然辨韻然而論聲必要高暢遠博者為上也。希夷問曰常聽有聲高者為貧而夭有聲低者貴而壽。何以分別師曰聲雄如鐘則貴如鑼則賤聲雌如雄鳴則貴如蛙鳴則幾以此辨之清濁之音其半矣。如清中之濁者則內重而外重如濁中之清者則內藏而外明聲濕而音潤主發生聲噪而韻乾主有重疾。大如洪鐘騰韻鼉鼓振音小如玉水流鳴琴徽奏曲可悅衆心者君子也。聲起於喉發於舌張而散亂而浮輕重不均嘹喨無節。聞聲觸怒而惡聽者小人也。老祖曰聲有清濁之別氣有清濁之分色有清濁之辨故上相之相審聲中相之相審氣下相之相審色也。希夷問麻衣師曰聲壞如何改可乎師曰若要改聲必須改心問曰聲壞如何改心師曰音者聲之餘也。心者聲之根也。人有肅殺聲有慈悲聲有歡聲有樂聲皆在人之喜怒哀樂中流出故曰聞其聲

而知其素者心也惰也所以論人善惡之心皆發於
晉見乎惰也老祖曰聲者乃修五行之造化辨六腑
之根苗出於五臟總諸靈而成響內以傳意意與氣
會心欲有言聲以隨之故人之聲應五行配以宮商
角徵羽推之以陰陽古察萬象以定吉凶唯五音之
中其韻律能藏往知來矣書云商聲知貴宮聲主富
徵聲主勞角聲主賤羽聲主死其說不然人不知音
斯罕喻矣五音亦各有善與不善之別也夫宮聲之
善者韻嚨嚨以和平不善者濁紛紛而痿弊商聲之
善者韻鏘鏘以款鳴不善者碎傲傲而無緒角聲之
善者韻嗷嗷而調直不善者勦扎扎而寥落徵聲之
善者韻遙遙而流烈不善者干排排而散漫羽聲之
善者響嚶嚶而還徹不善者淺屑屑而稍折故宮聲
重大沈壅商聲堅勁廣博角聲圓長通徹徵聲抑揚
流利羽聲嘹藹低先曉此意然後可以知聲之善惡
也宮商之聲平徵聲上羽聲去角聲入或問曰平聲
何以辨乎師曰收之入口謂之宮推之出口謂之商

也以此為異夫宮人商聲之善者多子孫後代貴昌
金為士子得商聲之不善者傲妄橫惡或帶癎疾或
不官子孫得商聲之善者大貴職位高遷木為士鬼
得角聲之不善或有牢獄之厄得徵聲之善者本宜
子孫保父母存火為母父剋金也得徵聲之不善者
小喪父為母所酷也得羽聲之善者得賢良之妻奴
婢大富其妻或蠻跛羸殘常抱疾患舉此一端以例
之盡可知矣故曰聲無宮則輕無商則乾無角則濁
無徵則緩無羽則低聲濁無財聲濁無文聲緩無權
聲低無學有聲無韻壽難長仕難進也

△相血瀮

血瀮者由五臟六腑而生本心田陰隲而發也故人
必以有血瀮者為貴而黑瀮不與焉血瀮根心田存
心善者則生也前有惡而後有善則生前有善而後
有惡則瘀人能以善存心血瀮必起也起於山林塚墓
邱陵者主壽而身後得善地起於山根鼻準者主貴

食皆由黑氣侵放飯流歠皆是賤人嚙骨咬筋亦同

其類

起於淚堂龍宮者子孫顯起於奸門魚尾者妻妾賢

起於口旁者主祿起於印堂者主貴起於頂心者主

成仙佛起於手腕掌指者主通神道起於乳胸腹背

臍陰者主子貴身榮起於腋下者主通神遊起於足

者主貴起於腰肩脛膊者主貴起於耳者主神聰起

於目者主神視血痣之生無位不佳至於黑痣先於

漆藏於身者亦佳而面部五官仍不宜有也

△相飲食

飲食憑水星（口也）水星爲祿堂飲食之司也紅

潤晚朝食祿必豐黑小覆斜衣食必薄貴人飲食易

容受而吞咽無聲所謂龍殘虎食也賤人飲食多泛

溢溢而咀嚼有響所謂豬殘狗食也鼠食者夭折貧

寒雀食者飢餓凍餒食能兼人地閣不朝又無托乞食

之人食能兼人地閣朝腹有托大福食之人有食

必病皆因唇薄口小之人無安皆是唇紅齒白之輩

噎食者因鬚困口口故主胃寒餓死者因口反元又遭

紋破（凍餒紋入口或口外多紋）服毒皆由入絕

第八章　痣及紋痕麻面相法

▲相痣

夫黑痣者如山之生林木地之出堆阜也。山有美質。
則生秀木以顯其秀地積汚土則生濁阜以著其痣。
萬物之理皆然是以人之骨肉瑩白而美便生其痣。
以彰其貴也。人之體膚粗黑而濁生其痣以表其賤
也。至於論痣之法亦非概論凡大而無色者爲醫或
大或小而不起無色者謂之汚黑如漆亦如珠瑩如
玉者方主大富貴、不紅不黑者非美器也。凡生兩足
朣骨上者謂之勞源主奔波兩足底下謂之寶藏瑩
大高起而有毫者主封侯大而不高者發財左乳上
之左右倉主積蓄財穀兩乳中間爲男女宮主生貴
男女腹上下謂之福源士貴生好子臍中爲六腑總
領之所丹田之戶名曰龍闕又曰含珠主多福慧而
多貴子孫臍下兩傍爲左右野主小貴又曰凡痣天
中貴位不宜居男妨父母女妨夫兩耳輪主慧耳內

主壽耳珠主孝耳弦主賊。山根主剋害。年壽主剋死。
鼻側主疾病死眼上主吉利鼻頭防刀死鼻梁主迍
遭人中主婦易口側聚財口中多酒食否上主虛
言唇下多破財額上主失職承漿主醉死高廣防二
親尺陽主客亡輔角主兵竅主死外亡山林主虎
傷却門主箭凶青路主客死太陽夫婦吉魚尾防妻
離却門主妻傷夫座主剋妻座主剋長男剋長
姦門主妻傷夫座主乏食祖宅主移屋大海主水厄年上主貧
子中男剋中兒次男剋次兒金匱主破敗學堂主失
命門主火厄奴婢主妨奴波池主溺水盜部主失
竊兩廚主乏食祖宅主移屋大海主水厄年上主貧
困地閣少田庄三陽損男兒三陰損女子崔卵斑者
學名聞後世而文王一痣當胸生於四乳之中也關
云面無好痣未可盡信蓋朱熹左面七痣乃星宿中
主妻子難爲作事犯重女人傷夫剋子天年不吉書
夫子頰聚七痣合北斗中之首出也郭令公臍內有

痣。乃龍關有珠也唐安祿山兩足底有痣剌史張守
珪一足底有痣而今人足底有痣而不驗富貴者何
也。蓋相非一論守珪足底有痣而得富貴者不獨一
痣也必然眉目英秀骨肉瑩潔而愈彰其美也老祖
論痣之法最要緊者圓如珠紅如丹黑如漆白如玉
者。方准其用也若大而無色小而不明雖生隱處勿
貴也。

△相面紋

三三紋偃上者名曰偃月紋主朝郎。田田紋偃上一
紋直者名曰縣針紋主節察武臣紋王壬字紋者主
封侯惟須四邊無有紋侵破方准一紋從天中下至
印堂名曰天性紋主卿監短而在印堂上下爲縣針
紋印堂上二脈直上三寸者名曰鶴足紋主刺史短
者爲殺紋三三橫紋繞者主早喪父短亂者凶長而
兩頭垂下者名曰華蓋紋主孤一一紋橫而曲者名
曰蛇行紋主客死井井字紋者主員外郎生於印堂
者貴巛川字紋者主憂慮刑厄從眉根起多憂

論人之紋關係巨大能變凶亦能變吉紋有明暗氣
有開閉紋理放光紋外紅黃紫氣盤繞爲陰騭紋現
必有大陰德事紋理黑氣冲出紋外鬱鬱而慘淡而
明主損陰騭凶者或成羅網或成交叉或成縣針冲
破於諸部或勾紋現於年壽皆主凶美者爲陰騭
紋或現於三陰三陽或現於玉堂天門或縣針轉脚
或帶令地閣朝天紋理如銀如紫之明亮此皆主吉

△相額紋

紋理瑩煥明潤主老年無病而長壽紋理暗黑乾枯
爲休囚無運而壽不永
文園詩曰時人要識惡儀形交叉縣針額中生須得
眼前逐日過奈緣災害不曾停額方廣厚潤光輝定
見官榮位不卑額下橫紋終絕代額微尖小沒田廬
縣針入印刑妻位破匪侵額耀位難孚(月孚也在
山根之下)帶忍刀人帶殺若臨紫氣性無寬天下
眞理太乖期無奈生來有此儀衣食平平終日有只
緣形相損妻兒奸門亂理多淫蕩魚尾修長老不停

井字陰陽修目緊酒池縷縷爽波瀾。眉上雙生鹿角
紋此八形體與常人若向帶廷呈蓺業築壇應拜上
將軍目下眼紋為淚。平生衣食貝隨時眼前容見
無兒分宜養他人作義兒口畔微生兩縱紋此人必
賤不須親眼前雖有安家宅。他日蕭條必受貧火星
尖狹是庸流紋亂凹咒主配囚赤脈兩條侵日月刀
兵刑法死他門。

相麻面。

形體魁梧面有麻眉清目秀更堪誇再冀五岳相朝
拱豈是尋常俗子家。目有神光麻有氣兩眉不斷多
奇異若還破印並鎖口難許崢嶸成大器。
麻色忌暗滯宜明紫為有氣精實氣固麻色麗氣散
神衰麻色枯兩眉一鼻一口一印不為麻鋪陳間斷
方是貴氣麻也。

第九章　改相變相祕訣

▲改相訣

人面如風水故有五岳四瀆之分鬚眉鬚髮如山林
樹木風水結穴常有因山林樹木閉塞峯巒明堂水
口諸位而不發者人相亦如之豈風水之山林樹木
可改而人之鬚眉鬚髮閉塞生氣獨不可改去乎但
世人昏昧不悟動以相由天定決不可改誠大謬矣
雲谷山人曾見有善人因鬚眉鬚髮閉塞生氣者及
力行善事忽然脫去得邀天佑者亦有善人忽遇異
人點破改去獲吉者但只可爲善人點化也至於額
尖冲印髮脚閉日月角馲馬位髮生鑽毛髮脚無分
合宜改不然則刑剋定見改則變吉眉生箭毛直豎
眉毛或上生角或鑽毛或粗濁壓目亦宜改不改則
刑剋定見改則吉眉宜配目剛柔相得乃佳

▲改鬚訣

鬚忌連鬢忌困口忌鎖喉改則吉不改大凶食官祿

者。最忌鬚連鬢與困口鎖喉。

▲改鬚訣

鬚忌過命門過命門者有三凶命天貪淫刑剋故宜
改不改多顴相薄者得此必天相滯者得此必困相
孤者得此必刑主無子相淫者得此奸淫鬢忌連年
一生無運而愚宜改不改則凶

（改鬢有五形）金宜圓木宜直水宜曲火宜尖土
宜平若不參五行生剋之理而改易之必主大凶。
善者得金乃改不善者雖萬金莫與改也否則必
有天殃焉　凡改額眉鬢各有分寸宜加注意也

▲改乳毛訣

乳旁之毛以一二條爲玉帶其色軟而烏者是也有
此毛必多子若多硬毛多生多剋子欠得力又主無
子求子者倘多乳毛宜將硬毛拔去復生復拔僅存
近胸位者留一條仍要黑軟者方可如此不過五年

內可生二子。倘色全無烏乃軟者須全拔去亦主五年內得三子此景祕訣改相全憑人力變相蓋由天成也。

△變相論

風鑑家唐許柳莊之徒往往以刑骸聲色決人休咎未可概論也古來有鑄形換骨去僞育眞之變凡人頭額枕骨口齒質性可變而一時難變惟有氣魄精神鬚眉肉色其變最易或遇病而更或隨心而改遲則半年近則日月時刻皆能變也論頭額場者即能長骨長肉而變圓面滿神彩氣秀骨榮疾能失神爽氣而改容就平足論自有筋流脈縮之異就耳論焦黑能變鬖白瑩潤能變焦枯就目論赤脈貫瞳能開障復明明者亦能障掩其光就鼻論端直榮厚者可變焦赤火爍其土就鬢眉論翠秀者可變枯索散落其丰彩疎斷者亦能復翠就齒論有落而重生瑩美堅固亦有缺落侵破其關鎖或問曰改容變態言之詳矣至於性格紋痣骨肉精神何以變形曰論紋者

其性極活轉折無定亦能化凶化吉者也論骨肉者以氣血精神滋其氣魄之枯以揣摩人精之盛衰而辨其盛衰察其氣魄之聚散故能速生於顯處者亦能速槁論痣者隨人氣運而生敗凡生於顯處者祥則可隱而退論氣色者得天機自動之變通或聚而有形或散而無跡氣運色朗三台者有德之氣發祥之兆也氣離神亂者作孽之氣不祥之兆也論氣質性格者乃有痕而無形也如智果論智伯相長於人者有五其鬚長大射御足力技藝畢給巧文辨慧剛毅果敢然而性甚慘刻將赤吾族其後果爾丁謂之弟見謂心行殘忍遂遯湖濱後果殺身如二人預叫其質性狠堅至死不能變易者也西門豹性褊急佩韋以自寬董安國性遲緩佩弦以自急二人氣質自能感化皆見稱於聖人夫寬廣正大卑瑣狹猾發乎天然故可笑可愚可善可惡有終身爲君子而不變亦有終身爲小人而無改亦有頃爲小人而爲君子者呂尙無形篇云相有形中之形有形外之形

此二者變人喜怒之心而變。隨人善惡之性而更有
等堅心立品者。或迷於酒色而喪行精返修德者。或
昏於財氣而改常。只此好惡之心。在人自己亦不能
作主人翁爲得一相而可定其終身。特在人踐形不
踐形之間。而難定於一定不易之斷也。此篇一問一
答之法最據陳希夷問道於麻衣嘗見有子之相。
相不變而無子乏嗣之貌。貌不更而生男壽者相而
天年無壽相而長壽。福之形不易而遭刑

天命祿盡必亡之相。相不改而壽全何也。
相貌以理蕃也。吾開古人相法以洪範五福爲
主察其人忠孝仁義守道有恆。便到顚倒造次時不
改其節者吉相也。必享五福之慶。若人不忠不孝不
仁不義而便到顚沛造次時無改其性者凶相也。必
受六極之刑。故相人之學。取其形容骨格者十之半
得其變者亦半也。學術者不可不知也。

　　戒殺變相

陳搏相曹彬曰。公邊城骨起。印闊眉開目長光顯。必
主早貴。所忌頤口垂。無有晚福。凡出兵屠戮宜開
一面之網。彬然其言。後下江南托病戒殺全活億萬
民命。一日又與搏遇。搏曰。公龔醫骤長口角頤豐金
光聚耀於面目鬚眉。必增祿壽矣。彬問何爲金光。搏
曰金光者德光也。其色如紫光晃亮。人若陰德有感
面焰金光。眉焰彩光。目焰毫光。色焰祥光
其氣外明而內徹。不獨增壽。當蔭子孫遠福雲人
無一定心而無一定相者信然也
東平王出獵時。遇一老叟。拍手歌曰。人死爲羊。羊死
爲人。無人知覺。可悲可笑。王問歌章。叟答曰。我聞蜀
中之猿索其子而腸寸斷。柳州之狐抱母皮而觸階
死。雖爲禽獸亦知天性。況君相帶三殺宜殺。故相爲吉
王問何爲三殺。叟曰。如破鑼者謂之音帶殺。色如
醉者謂之神帶殺。火氣賁睛者謂之眼帶殺。犯此三
殺。壽恐不終。王問。作何善事可改其凶。叟曰。汝爲國
王大臣。何事不可爲。若能捨財爲一切濟人利物之
事。皆有回天之力。若要不費財行萬功者。只要發一

言之正。有益於萬民即可以變相矣。王感悟積德累
功三年復遇叟曰殿下腹凹生堅固子矣王問何所
見而言之叟曰觀王神滿氣完聲音和雅目不晦而
有定光此即變相也。王問何爲堅固子叟答曰凡成
佛作祖者便生舍利子爲金剛不壞之體眉間長放
定光王曰我無德可爲平日止因爲國爲民受人毀
謗我亦忍辱不退叟曰、此即性根堅固身心不壞矣。
光明積德者性根堅固腹內便生堅固子眼內必有
一日朝臣讚王於帝前帝召王問汝在家何爲對曰
爲善最樂帝讚曰其言甚大將王子孫十八人皆賜
侯印

相法祕傳　第九章　改相變相祕法

△損行變相

損行變相者如高孝標孝積其母產二子時。駢肩而
下。不分前後至於相貌舉止言笑皆如一。及從學造
進吟誦穎悟文墨皆如一先生亦莫能辨甫冠國入
庠曁完婆父母恐二媳莫辨孰爲夫乃命各以衣履
別之又同時各生一子考試補廩亦同。一日兄弟二

人遇希夷相曰汝昆季丰神秀異眉翠昌碧鼻直口
硃耳白輪紅氣清神澈皆係科中人物況今目耀
彩色必主同登科第命同相連同皆由前定也及
秋試借寓隣有麗婦少媚者私挑孝標正色拒之後
挑孝積遂與私焉累婦不得其死場事畢兄弟同見
希夷相兄眉焰紫眼彩文星必主聯捷相弟非但
不中而且天絕兄驚問其故希夷曰觀弟之翠眉變
癩碧目浮睛硃唇色翳榮蠹之鼻赤而黑巽挑之耳
乾而焦神色頓然枯槁氣冷而散此必損德變相也。
及放榜果然兄捷而弟殂伊子戲魚溺於水兄又聯
捷官至七十誕日思弟囑其子孫云叔與我駢生論

命相莫不與我相似凶損德後裳壽不能與我相同
可不愼乎遂嘆曰易見者相不易言者命命在天也。
相書云人之相也應天時合人事其精神之忽散忽
聚志氣之忽斂忽弛有中刑外不可掩也故造物大
公之心福可以罪減罰可以功贖生心發面惟人自
造陳搏相張堯封曰君面豐枕空須防無子晚窮堯

封笑曰現有五子何言乏嗣希夷曰論汝鼻梁實印五岳朝宗富身貴而子榮奈腦後無一地可容前後不相應也堯封曰常見有無枕骨而貴何以爲准希夷曰此非概論凡人耳後豐滿過於面者不必論枕骨也堯封不信其言未及三年連喪四子往見希夷

論曰相人雖取骨豐爲福壽殊不知其中有破相者三堯封問何爲破相者三希夷曰一相腦骨雖取橫山仰目爲貴若目中無神彩顴眉不翠秀非右相乃俗相也二相頭雖取登凸高起爲壽若肉不瑩稱血氣微薄者如三石之不得氣而不靈也三相面雖取

骨之磊落朝拱爲貴殊不知聲內若無音腦骨不相應乃賓而不足取也故有肉有骨而有氣者曰古而厚主貴而壽有骨有氣而又有神者曰媚而秀主貴近君皇而無肉無氣者曰硬而剛主孤刑也無骨無肉又無神曰薄而弱主夭壽也今觀君面全五

山腦後單薄必須修福變相方有收成堯封邊教遇飢荒獨出資救活千萬人生命一夜夢見一神鑿開

其枕骨將三環嵌入堯封痛醒腦後不覺驟長其骨往問希夷希夷贊曰此即三台骨相應五山當大顯功名後果中科甲幼女又爲仁宗皇后贈太師

管公明相能通神嘗謂人曰我額上無主骨目中無守精鼻無梁柱脚無天根背無三甲腹無二壬此皆無壽相不見男婚女嫁何晏鄧颺求輅相輅曰觀何君目泛睛面如灰土血不華色精彩烟浮魂不守宅此爲鬼幽相鄧君兩目泛黃肉不居體筋不制肉起立傾倚君無手足此爲鬼躁相宜退而不宜進二人怒目而去輅舅叱曰此二君威權當世汝不避禍而戇言大可畏也輅笑曰如對死人言何所畏耶二人不久果被司馬懿所誅

△孝行變相

管輅出游見趙顏於田中眉間發出黑毒氣冲入命宮年壽問年十九乃本命也嘆曰惜乎少年不壽顏伏地哀求借壽之法輅南指曰汝可備淨酒一壺鹿脯一塊來日攜往南山大松樹下見有二人盤坐石

七〇

上弈棋向南座者穿白其貌甚威向北座者穿紅其
貌甚慈汝可將酒脯勸進求壽切勿言我所指點次
日趙顏搬酒脯入南山果見有二人在大樹下弈棋
顏跪進酒脯二人隨手取食不覺飲盡顏遂哭拜求
壽二人大驚知爲管輅所言白袍者取籍檢視趙顏
壽限十九歲紅袍者曰雖鳳管子多言此人必有天
緣稱其平日行事係一孝子遂於十字上添一九字
壽延九十九歲抖囑曰回告管輅再洩天機必犯天
罪顏拜謝歸見管輅詳告所遇輅曰穿紅者爲南斗
主生穿白者爲北斗主死今汝面上黑氣猶如日破
重雲之象必添壽矣(按此係孝行添壽)

△作孽變相

來和子相盧杞
君面雖藍若鬼氣魄厚而神深龍
屑豹首眼露赤光輔鬢逆豎乃精獸中來者當大貴
大凶之象後果居相位爲人作孽深重將罹沒身之
禍往見來和子復相曰觀汝面上官星雖然未退藍
氣泛白殺氣皆退神奪氣移精彩烟浮肉肥氣冷無

有生色百日內須防陰司口事汝何以
知之答曰相中有六神之奇其中有鬼神不測之奇
一爲青龍之氣其色如絳繒蚤明故紫彩之色見於
三天發於子宮生貴子發於官祿財星降官爵發於
陰隲坑囊降天祿一爲勾陳之氣其色如黑風吹雲
主家業分離一爲玄武之氣其色如朝烟和霧主惡
夢死亡一爲朱雀之氣其色如晚霞映水主口舌官
災一爲滕蛇之氣其色如草火將灰主盜賊火災一
爲白虎之氣其色如凝脂塗油主病符孝服心鏡歌
云六神之氣獨勾陳玄武最凶若從天門纏於子宮
必損子孫纏於福德準頭必敗家業纏於命宮必損
己命兼侵四門五竅必犯天誅今觀君黑氣如烟煤
色在五竅冲出君之五臟必先壞矣故知汝幽冥之
難將至也杞問何爲四門五竅答曰四門乃乾坤艮
震四位五竅乃耳目口舌鼻五官也今察君之面形
容鬼躁魂不守宅身體雖在陽間其神已先歸地府
急宜戢海少解其罪杞凜然嘆曰我速行好事可易

相乎來和子曰汝今罪孽已露悟之遲矣改之無益也○

△行持變相

三刀和尚遇一行禪師指曰觀汝一身似火噴頭似瀝血此爲頭與身戾終不免白刃之患況目暴而露眉粗而逆宜修戒變相爲吉健曰我終身守己善道忍辱無嗔有何殺身之禍師曰不然有等相不犯凶而遭極刑者乃因今世自作孽之變相也有等未遭極刑而先現刑戮之相者乃因前世妄殺人命未經償報而現相也師云汝欲脫難必須捧誦金剛寶號種種放生活命果便能離此惡相依言放生誦經有年後果無辜被人牽害極刑將決時師往看之指云觀汝惡相已脫身無恙健曰無事時言凶有禍時言吉何也師云向汝之相頭與身戾氣血不接於六陽今觀汝目珠反露變而慈和正定眉粗逆豎變而長隨蓋目頭與身戾變而血氣貫通於六陽德光隱焰於五嶽三堂眞乃顯然相之變也後至臨刑時連施三刀身首無傷剌史問云汝有德乎有術乎答云皆無祇因昔日我師指健有殺身之禍早晚虔誦般若經方悟殺身時無有我相人相衆生相耳剌史遂免其罪人稱爲三刀和尚○

第十章　女子相法

△女人善相崇有德。頭圓額平。骨潤皮滑。唇紅齒白。髮香髮軟。髮幼。指尖。掌厚紋細密。聲清。寡言笑。行步緩而正。坐臥端靜。神清氣和。豐頤。背圓腰平。腹垂胸闊。肩圓面如滿月。乳大不垂。臍深有托。身白過面。齒大而齊。鬢薄烏潤。身香骨肉勻。

△女人惡相及淫相

雲谷山人曰。大凡淫婦之相。每於舉動行為言語飲食之間。總有一番。矯揉造作處。名相家一見便知。凡額高露骨。結喉露齒。主刑剋貧苦。蓬頭亂髮。主貧。蛇行鼠步。主淫賤。眉連髮粗。主刑苦貧賤。六親無靠。鼻上生節。主刑剋。鼻露。乳主淫賤。目露四白。主凶。有機害心。象。刑額上多紋刑剋夫子。雞胸狗肚。主貧寒淫賤。眼筋多。而縮睛主毒害傷人。凶惡難產。雄聲焦烈。主刑暴妬忌剋夫無子生鬚生癦貧賤刑剋。下唇過上唇刑夫剋子。上唇特大且厚性剛。頑硬愚蠢賤寒苦。側目窺人。未講先笑。行走頭鬚整有眉弄鬢停針綫眉搖身唱曲。髮黃無眉。面多斑癦有眉無威皆主淫賤。人中平滿眼下肉枯龍宮冲破口如吹火女生男相眼深骨粗唇黑口大額凸無牙皆主貪淫刑剋。面黑聲洪主淫惡兩眉豎起主刑夫見人即笑是淫相鷹視狼顧羊殤雀步舌急口快而色青烏眉稜骨現陰沈不聲作事乖張行坐若思頭垂暗點聲焦眼斜聲急眼酷妬眼光如豔面帶桃花面光如油口大無收拾陰戶毛如草陰戶硬無肉皆屬淫相。面滑身澀喜怒無常一搖三擺盼前顧後坐立不定夢中多驚均屬淫相

詩曰女人捲髮不相宜行路昂頭一字眉鼻節顴高唇又展刑夫三兩又刑兒桃花滿面眼流光手擺搖頭軟腰裝剔牙啄齒提衣領側倚門前任四元。

雀步蛇行狗蚤跳一行一步把頭搖路上行人忙撥

面與人私約度良宵　天庭窄狹髮侵眉頭角粗黃

口角垂眼下肉堆無肉起貧一世又無兒　女子

仰面更昂頭口上生鬚不自曲髮垂眉粗腰又弱隨

軍隨賊走他州　低頭含笑是娼淫手掠眉頭又看

身坐頻搖低唱曲偷情男子作夫親　赤目黃睛

產育憂胸眉額凸縐頭口如吹火牙如炭一世孤

伶一世愁　人中平坦子難生況及龍宮有破坑眉

疎乳頭不黑受奔波臀重無腰行步急不爲娼婦亦頻

姨婆　口小齒細眼微微足動頤搖聲又嘶斜視頻

粗殺重唇色暗深睛凸額養難成　手指如搥節又

嘻鼻孔仰貪淫好色老須爲　面無華色聲又破額

高髮重夫先過縱有兒孫恐未眞性情堅硬急中錯

▲女人七十二賤相（若犯一件必有私淫）

兩眼浮光桃花之面皮白如粉血不華色肉軟如綿

皮滑如油面多班點眼角低垂未語先笑搖手擺頭

面帶兩削面全兩陷面肉堆浮眼露白光一唇自動

口角生紋鵝行鴨步側目垂頭斜視偷觀自言自語

臀矯胸高腰細屑寒臍凸下乳頭白下皮縐如紗

面大鼻小額尖腳搖齒白不齊唇白不厚唇青如靛

笑若馬嘶一步三搖一言三斷語言泛雜頭大無髮

鶴腿鸞腰行如雀步談笑頻阻矯臀無腮舌托腮咬指

身如風柳陰戶無毛獐頭鼠耳縮頭伸舌

陰毛如草長面圓睛剔齒弄衣嘆氣伸腰陰戶惡臭

頭下過步回頭頻顧坐不安穩腿上生毛舌尖唇掀

舉止癡迷站立偏斜額廣鬢深鼠齒鬼牙性情多變

如馬換蹄長身短項鼻仰朝天眼閉眉蹙蛇形鼠殘

項細屑寒指短腰偏偏飲食無盡無事自驚頭偏額窄

背陷腹小夢中長踏

▲女人卅六刑傷廿四孤

三十六刑傷者黃髮拳髮睛赤睛黃獨額生面額有

旋螺額高面陷額有紋痕印有懸針少年落髮骨硬

皮急面長口大面瘦生筋面生三角耳反無輪面尖

腰窄面滑如泥山根低陷地角偏斜項如角節聲大

如雷。性急如火。神濁氣粗。天大地小。小白氣如粉年壽
起節肉冷如冰。粗骨大手肩背偏斜。眼大眼圓喉結
蘭大髮硬骨硬。夜睡多呼嚼如吹火。鼻內生毛骨起

腮高命門骨高面如孿母（色如粉也）

女人有二十四孤乃貧苦之格犯者夫星子息難言
二十四孤者無眉不立（不立不生子也）聲破不
立三十前髮雙目深陷鼻陷深低雷公吹火臍小淺
凹股肱無色髮不滿尺腰圓三圍乳頭不起肉浮血
滯肉重如泥一面澝色皮薄骨細肉多骨少三陽如
墨無腹無臀有額無腮地大天小形類男人面尖耳
小唇白舌青陰陽混雜（眼乃子宮黑白不明者亦
屬孤相之一）

▲女人七賢四德

七賢者行步周正面圓體厚五官俱正三停俱配容
貌嚴整言語不泛坐眠俱正得其一主夫明子秀
四德者平素不與人爭競苦難之中無怨言勤儉持
家節飲食閒事不驚能尊敬四德俱全必生貴子

添

女人以血爲主。男子以神爲主。凡女相神足血足皮
厚皮寬肉實骨正自多福壽。詩曰。血衰皮急命難全。
皮薄乾枯壽不堅。若是皮寬并血旺。須信松筠福壽

▲麻衣女相論

男性屬火女性屬水。故男人太剛不宜。太弱更不宜。
女子宜柔太剛不宜。女相總論十二宮五官六府三
停。然女相內中止取五件爲用。性定終身成敗眉主
壽算鼻主夫星。口乃子星。眼定貴賤。凡觀女相先看
鼻準爲夫星。若要收成子貴。還須唇紅齒瑩女相成
名必定與家立業。面如瑩玉。還看一面無虧六削三
尖豈能與家立業。面如瑩玉何愁不產麒麟與家之
婦定是三停得享福之人。必然額正眉清面大無
腮血旺無氣休言福德。血和氣深眼中藏秀必產賢
兒眼大鼻小豈是旺夫之女。目正神清可配良人之
妾

凡女人以血爲主皮乃血氣之處血乃皮之本看皮

色可知血衰血旺皮明血潤皮赤血枯皮黃血濁皮
黑血衰皮白血敗濁則賤青則淫衰則夭滯則貧故
此血宜鮮明表裏明潤可爲貴八之妻與母亥小兒
開聲無韻主賤女子開聲無韻主貧女子髮少血滯
不宜肉浮又不宜男子神足氣旺相宜氣促不相宜
男人要目清女子要髮厚男人眉細主得陰人財帛
女子眉細定旺夫家女子掌上細紋耳中巽桃方言
多子

▲許負女相論

許負論女篇有十忌即性忌剛暴心忌嫉妒言忌虛
浮語忌刻薄神忌不藏氣忌淺露色忌青微血忌焦
赤事忌刁巧行忌不常
又云一曰刑而惡者氣濁露神赤目貫睛浮筋露骨
面肉橫生結喉齫齒遍體粗毛鷄胸鴨背馬面猿睛
三陽肉竈年壽起節目露四、白聲破如鑼性急如火
犯此相者半刑夫子半刑妻二曰、貴而善者目正神
安氣靜容筋髮髮如皇眉細如畫瑩齒如玉掌紋秀

錦肉瑩骨秀口小方正笑不露齒行步徐緩坐立如
山此爲命婦三曰貴而淫者目光浮水面泛桃花齒
白如雪眼黑如漆面青微骨見人掩而未語先笑一
語三斷一步三搖伸頭斜視偷視坐立偏斜性情多變
髮整衣側目垂頭斜視偷視坐立偏斜性情多變合
此相者半爲姬妾半風塵四曰、貧而賤者獐頭鼠耳
鶴腿驚腰高胸薄背凸臀赤面烏唇焦牙鬼齒
希眉脫髮鼻仰斜空長頸結喉闊嘴灘唇酒食無盡
有此相者不爲奴婢定作姨娘婦女之貴在乎動靜
有恆喜怒有節平素不與人爭競苦難中無有怨言
不淫妒不輕躁幽閑貞靜眞乃塵中貴婦有等手如
柔荑膚如凝脂蟬首蛾眉巧笑美目性不柔和熊心
嫉妒何足取哉且如無鹽女白頭深目仰鼻結喉凸
胸折腰四十而未嫁短褐獻策齊王曰婦人貴任德
生威儀不在嬌媚態度遂納爲后故論婦女之性若
得三從四德之賢縱犯五刑十敗之相亦不准其凶
四德若婦德不必才名絕異婦工不必精巧過人婦

容不必顏色美麗婦言不必辯口利調。

▲雲谷山人女相八字訣

一曰敬。一見可敬者貴壽而多男。(敬者有威有態精神端莊蕭聲音和諧坐視平正得純相之氣故也)二曰重。一見可重者貞潔而福澤。(精神蕭穆舉止端莊腰圓背厚面方胸闊聲清重頤言語溫柔雅淡蕭然有不可犯者)三曰喜。一見可喜者邪蕩而易誘。(多風流媚態令人有所思也)四曰輕。一見可輕者貧薄而賤妖。(行若蛇坐若斜語癡笑意情奢)五曰畏。一見可畏者剛強而欺心。(聲殺面橫額闊頤高雀步蛇睛似男子氣象)六曰恐。一見可恐者刑剋而惡極七曰惡。一見可惡者醜陋怪臭硬。(醜者蠅而龜胸唇掀齒露眼白多鼻孔仰行如奔聲帶破此之謂醜陋者擺手搖頭咬指斜行仰面偏額衣不稱體此之謂陋怪者額高眼深髮短指齊目凹唇鬚臭者身臭口臭陰鼻狐鼻也硬者骨硬心腸硬聲音硬此必男轉女身)八曰賤。一見可賤者螺紋鼓角脈也。(螺者陰戶內旋有物如螺紋者籤小實大也鼓者無籤如鼓角者陰內有物如角則陰挺挺也脈者一生經水不調及崩帶漏下之類)

▲產育生死吉凶

女人面赤黑定知有產厄。唇齒不能蓋。產中多事故。女人面上黃懷孕必安康。左掌青紅生男。右掌青紅生女。明豔生產易。枯稿生育難。左腳先動男右腳先動女。凹顧分左右三陽青色子如若三陰紅又決是生女。婦女過於肥者主無子過於瘦者主刑剋過於高者主刑傷。眼露唇掀齒露主產厄掌中震位黑亦然。

第十一章　小兒相法

△麻衣小兒相法

莫道嬰兒無相出腹便知一生。大道凝成有三般精。能養血冠衆體氣以養形而化成神者妙萬物而爲言者也。小兒以氣血精神爲福壽以日月五星爲曜用也。凡眉骨連鼻兩目光明方言成器六府削五官薄斷不成名。五岳朝四水清決無短壽。眉清目秀者必不窮寒。皮厚氣旺者富而且壽。骨弱氣薄者不得安榮。天削地空少年多困。紺髮硃唇壽元亘長山嶺。破色若昏貴破敗之子。頭若圓額若廣現成家業神如電聲如需貴爲侯伯。斷羅計難守家財。鼻直眉若秀可許功名聲若神鑑云凡觀小兒之相雖取五岳其實先看三嶽爲主。何也骨格未成三岳可以鎭定一身之福位。故小兒生下三岳乃一出胎所成。何者爲三岳曰額爲南岳管幼歲鼻爲中岳管中年地閣爲北岳管晚景。三岳中如一岳不成。恐其難養。縱大亦多敗。所以論三岳中南岳高少年多福而好養。中岳高中年大成家業而易養地閣厚而晚景生多福。故天高主貴地厚主富人位強主有官祿。上岳低妨父母中岳陷敗祖基下岳空一生窮。三岳全而兼骨秀肉瑩氣象昂然兩目有真此乃尖削刑傷地薄貧賤鼻尖多敗。凡嬰兒易養者睛能轉眄胎髮齊眉啼聲悠揚臥息安神不但好養定當大貴龍睛鳳目鼻骨連山貴當極品。

△呂祖嬰兒相法

小兒易養者頭腦骨連神足神安氣寬氣厚色藏色秀髮青髮翠骨紫骨青肉實肉香眉清眉秀聲清音遠形厚血旺腹垂背厚唇紅齒瑩鼻直準圓皆主貴壽。難養者頭皮急三歲關面大無鼻一歲關疎髮稀黃。

十歲難全皮薄露筋天可知氣薄睛圓過歲不全
沒有脚根難過三春聲絕復揚一週難保肉重如浮
唇薄如紙一歲必死耳後無根眼內無肉不滿三春
鼻無梁骨縱大無成頭大頸細五週不備雙目無神
五歲有厄腹大腿小三歲不了眉散骨散三歲而死
眉散齒早定然少亡頭尖鼻薄五歲防厄眼皆如淚
不夭孤貧通仙錄云童子取氣旺重女取氣藏男子
取目秀女子取眉清古云眉者媚也女子眉細有彩
目長有威可許貴郎鳳肩鳳頸兼鳳目可配君王大
概眉細目長準圓額平四者爲貴故女取肩圓背厚
項長鼻直爲良項短髮長背陷額高爲刑傷按女子
十三歲血足男子十六歲骨成凡人一結胎無有不
得天地之氣而成形者得正氣而成者骨秀而神清
得邪氣而成者骨粗而氣渴然從修行中來雖佛
性不離佛相從作孽中來雖爲人相不離獸性有根
器者目靜目明骨清神澈精液充足頂圓頂平腦枕
豐厚鼻梁貫印堂硃唇玉齒掌紋如錦澤腹方臍囊

若荔實此等之兒不貴得貴不富得富積德之家生
此兒易養易成無福者生此兒亦必夭死矣無根器
者頭上之骨顯門不合啼聲散亂掀唇露齒目迷腦
空鼠耳羊睛眼如黑豆肉若羊皮指如鼓搥聲若破
鑼此等之兒不貧自貧不刑自刑薄福者生此兒易
長易養厚德之家生此兒反主夭亡觀此相法根源
無不了然矣
古人有言三歲知八十相法上論骨格部位爲主然
而小兒行藏叫跳便識將來五官俱正兩眼如星大
貴之兒髮青骨紫福壽之男一出胎而目有神眉細
緊髮紺翠易養少病一下地而髮不足腦不連眼無
神愚而難養眉高耳高必然聰俊眉低耳低不成格
局眉高鼻高現成家業眉翠眼秀文貴之兒色若暗
覆敗之子氣若明與旺之兒全鏡篇曰耳輪薄反少
多疾厄頭圓項平富貴天生睛能轉看人聰明有祿
骨軟腰無力愚頑少壽

△柳莊嬰兒相法

相法祕傳　第十一章　小兒相法

在腹先知男女。(解曰、男胎動必停匀母雙眼下白
燈準明印潤女胎眼上青暗又主難產凡男胎抱母
女胎背母或上或下爲天胎或左或右爲壽胎貴胎
動必停匀自無毒病賤胎母常有病廣鑑
先生曰男胎母氣足神常清女胎母氣不足神多亂
平常聲清懷孕必生福壽之男平常聲濁懷孕必生
孤苦之子唇白多產難臨盆宜安靜大富貴者胎自
安賤者胎亂動壽者母必安夭者母多病壽者母印
紅夭者母唇白貴者母精光賤者母神散)
臨盆可定日期(解曰、印堂紅主丙丁日火旺必生
男準頭黃主戊己日土旺必生男水星口角明主壬
癸日水旺必生女雙額明主甲乙日木旺必生男天
倉下庫明主庚辛日全旺生女必難產生男可安康
滿面暗色不開還有幾日只待何處明方許臨盆忽
然一明復一暗必死無疑女人臨產之時看右手心
紅在乾宮生貴子紅在坎宮生富子又好養掌心爲
明堂紅潤必生福壽之男若是青色必產敗家之子

八〇

莫道嬰兒難相一生出腹可知(解曰、凡下地小兒
紅黑爲妙白色主月滿身亡身生白瘡滑如糊因臨
盆前房事多主多瘡疾更有七件好養男兒頭髮齊
眉好養多福利頭皮寬好養大貴鼻孔出氣閉口睡
好養鼻高唇紅厚好養有神啼聲先高後響大者好
養陰囊大縐黑而有弦者好養有二十一件不好
面大無鼻樑一歲關頭皮急三歲關鼻樑不起一歲
死睛如黑豆身不滿週睛圓如雞一週可知體軟如
綿三歲不全沒有腳根難過二春身大後小一週難
亡沼有輔弼只好二七(其骨在髮邊如無此骨主
保肉重如泥骨少必天穀道無縫難過一春唇薄如
紙一歲必死耳後無根不滿三春玉枕不成官主
十四歲夭)肉多骨軟頭大頂細一週不滿雙目無
神不過三春眼如含淚只好二歲頭尖又薄五歲逢
厄腹大肚小三歲必了髮黃又疏二歲而死無眉齒
早三歲而死一週內生齒主好養一週外生齒主大
貴五六月生齒者主天死上齒先生者主聰明而妨

母凡小兒頭頂宜平耳正雙硬聲高氣足神爽方好此爲詔嬰兒之大概催不可拘泥而論尙生上破相之一兩男有其他好處或係命好祖德厚即可逢凶化吉本來成人之相不尙執一而論何況嬰兒稍長即變更論下斷語也。

二日知一生三歲定八十。（解曰、二日知一生者。小兒下地之初秉先天之氣極驗後來乳足好養肥胖變相轉彎難看在初生三朝內若唇紅且厚者必貴耳硬者貴啼時一連三四聲不換氣者大富貴啼叫自動大來有力善武晴黑轉看蒼必貴唇薄不爲妙自能動頭者是龍人啼叫無力者一生不如意三歲定八十者蓋言三歲已不食乳好看五官六府三停骨格性情之賢愚自見小兒精壯神足一生病少寐時口合語不露齒乃福壽到老之相俗說三歲定老。相上原有此說二歲之童汗宜香聲宜清響眉宜黑髮宜黑細黃細亦不妨耳低百無一成髮生角主愚賤生天停主賢貴大槪相童之法以神血氣骨皮爲

五刑之理神欲清血欲明氣欲和骨欲堅小兒骨欲硬大人骨欲軟皮屬土故稱皮土皮爲臣骨爲君君臣欲配皮骨欲匀皮厚骨少少年亡皮薄骨高少云死此五者有一件非貧即夭

人從少長先觀童相爲先骨格未成五六三停可定（解曰此言小兒不可不相凡小兒大槪先看刑體凡眞氣象昂然此乃大成者有壽薄者有知天削刑傷地削貧賤晴黃愚頑鼻小大敗頭偏尖不成器耳低反必窮途神散多狂僧道耳低必定窮途神散多狂破而長淫小兒骨格雖未成事但五官六府已成不可不依理細看何一官好何一處不好一生全要以頭爲主天停不好一生不妙不成事人言過此方好乃是亂道

嬰童子各有一說　（解曰此言不可一概而論凡三歲爲嬰孩相神氣不相五官十二歲內外爲童子邊相五官六府三停十三歲爲主不可以乳重論閨女童女另有一相　（解曰嬰女之相與男不同忌

天庭高額骨聳聲大睛大眉重性躁此數件俱主妨

母少兄弟又主破家十歲爲童女忌聲高書云殺夫

三額高額不平欲知三度改嫁定然聲如男子相女

之法和潤色明爲妙第一件忌齒白細尖黃大疎稀

大概貴男無賤骨貴女無賤齒女如齒白尖細多淫

少子)

先言三岳乃出胎腹所成○(解曰、額爲南岳地閣北

岳右額西岳左額東岳鼻爲中岳此乃五岳小兒何

以先看三岳蓋因額鼻閣乃面部三停出胎已成獨

額骨還未成凡小兒最要此三岳中正不塌爲上如

南岳高(額也)多福利少災好養中岳高(鼻也)成

大器好養北岳方圓隆滿(地閣也)主有大富凡上

高主貴地厚主富如一岳不成者難養卽養大亦是

敗子上岳低則好父母中岳陷則敗祖基下岳削則

一生窮困此皆不足之相也

次看五官誠恐後來更改○(解曰、凡小兒不可以面

上爲驗恐後來有改換之處○難看貴賤只看神色氣

八二

肉四件)

古相多般豈能遍讀○今時氣數難依古書○(解曰、古

來有名相家極多如麻衣希夷呂祖達摩鬼谷唐舉

諸先賢共有七十三家相法論理各不相同後宋人

著爲人相編總云相有萬般難逃生剋之中而有百

美只恐變換於後觀相不可認眞論斷還宜動察一

俗例小兒不看相卽是故也)今時天道南行運屬

下元甲子(此係袁柳莊先生之言時在清初乾隆

時代故稱下元甲子)非若古人氣壯身強生得神

餘肉厚今人多薄削枯乾者內中偏有大富大貴推

原其故一因世弱人稟薄不厚二因積陰德於世大

則救人性命小則振人困苦修德積福亦能載

厚福矣柳莊先生深恐俗相家空費心神不知訣法

特用硃筆作此心鏡立書授搭以廣其傳

小兒頂平眉重皮寬可言好養(解曰、凡小兒頭小

必不成人尖頭大來不成器故要頂平爲主肩輕無

壽大人欲眉輕小兒欲眉重皮寬者必然好養皮急

八八

者性亦急。究是難養。十無一生。

少女髮黑暗長耳正可許貴人。（解曰、少女乃十三

四歲之時。最喜髮黑耳正眼秀書云鳳頭鳳肩兼鳳

目女人可許配君王古八身長而眼大一寸令人面

闊三寸半豈有一寸之目不過細長藏秀爲妙眉圓

背厚及項長爲貴項短髮長必有三郎耳反額方四

度成雙總之女相以細眉長目準圓額平爲妙

第十二章　古人觀相精論

△劉邵相法九徵

相人物之本出乎情性性情之理甚微而玄非聖人之察其孰能知之凡有血氣者莫不含元一以爲質稟陰陽以立性體五行而著形苟有形質猶可卽而求之蓋物生有形形有神晴能知精神則窮理盡性性之所盡九質之徵也故如平陂之質在神明暗之實在精勇怯之勢在筋強弱之質在骨躁靜之決在氣慘懌之情在色衰正之形在儀態度之動在容緩急之狀在言其爲人也質素平淡中睿外朗勛勁植固聲清色懌儀正容直則九徵皆至純粹之德也試分論以明之

一曰觀其類族以識英夫草之精秀者爲英獸之特擎者爲雄是故人而聰明秀出爲之英胆力過人爲之雄此其大體之別名也然而英雄豈易富哉必馬聰能謀始明能見機胆能決之然後可以謂之英

張良是也才氣過人勇能行之智足斷事乃可以爲雄韓信是也故英可以爲相雄可以爲將若一身兼之可以畏世矣

二曰觀其奪救以明間見可憐則流涕將赴救則生惻惻是慈而不仁者睹危急則生惻隱將赴救則生畏急是仁而不恤者處虛義則色厲顧利欲則內荏是厲而不剛者是故不仁之質勝則伎力爲害器貪悖之性勝則強猛爲禍梯亦有善情救病不主爲害雖傲狎無傷善助著明雖嫉惡無害救濟過厚雖取人不貪也

三曰觀其感變以審常度觀辭察變凡事不度必其有故憂患之色乏而且荒疾災之色亂而垢雜喜色渝然以懌慍色厲然以揚妬惑之色冒昧無常其言甚悅而精色不從者中有違也其言有違而精色可信者辭不敏也言未發而怒色先見者意憤溢也言

將發而怒氣送之者強所不然也。

四曰觀其至質以知其名凡偏材之性二至以上則令名生矣氣清力勁則烈名生焉勁智精理則能名生焉

五曰觀其所由以辨依似是故輕諾似烈而寡信多易似能而無效進銳似精而去速訐施似患而無成口頭似應而心非而從似忠而退違此皆似是而非者也亦有似非而是者大權似奸而有功大智似愚而內明博愛似虛而實厚正言似訐而情忠

六曰觀其敬愛以知通塞蓋人道之極莫過愛敬是故孝經以愛為至德以敬為要道愛敬之誠勤獲人心者也

七曰觀情機以辨恕惑夫人之情抒其所願則喜以自伐歷之則惡君子則犯而不校小人願人之順己也以佯愛敬為見異以偶邀遊為輕浮苟犯其機則深以為怨

八曰觀其長短以知其所長有短者未必能長長者

必以短為徵也故精欲深微質欲懿重志欲弘大心欲謙小精微所以入神妙懿重所以崇德宇志大所以勘物任謙小所以慎咎戾也

九曰觀其聰以知所達夫智出于明明之於人猶晝之待白日夜之待燭火其明益威者所見及遠之遠之明賴是以守業夫勤學未必及材而材藝精功未必及理而理義辨給未必及智而智能經事未必及道而道思玄妙然後乃用各自獨行則仁為勝合而俱用則明為將是以觀其聰明而所達之材可知矣

▲范文園流業論（尚有體別論義理深奧非初學所能了解故從略）

夫八流之業各有別焉雄略高廣包容可法是謂器度之窾藺相如黃叔度是也建法立制強國富人是謂法家管仲商鞅是也思通道化策謀奇妙是謂術家張良范蠡是也兼備三材其德足以厲風俗其法足以正天下其術足以謀廟勝是謂國士伊尹呂望是也兼有三材而三材皆微其德足以率一國其法

足以正鄉邑。其術足以權事宜。是謂器能。子產西門豹是也。兼有三材之別。各有一流風節之流。不能弘恕好尚。譏訶分別是非。是謂藏否。許邵是也。法家之流。不能創思遠圖。而能受一官之任。錯意施巧。是謂伎倆。張敞趙漢廣是也。術家之流。不能創制垂則。而能遭變用權。權智有餘。公正不足。是謂智意。陳平韓安國是也。凡此八業。皆以三材為本。故雖流派分別。皆為經事之材也。能屬文著述。是謂文章。司馬遷班固是也。能傳聖人之業。而不能幹事施政。是謂儒學。毛公貫公是也。辨不入道。而應對資給。是謂口辨。辦削通淳于髡是也。胆力絕衆。胆略過人。是謂驍勇。白起韓信是也。凡此十二材。皆取其意。察其性。定其質也。主德不與焉。

文園先生曰。觀九徵之法。重在器骨材品為要。古來安天下。足百姓。無不重人材人品也。材品何以辨。凡貴視其不傲。富視其不驕。達視其不恃。窮視其不取。如師德之荐仁傑。蒙正之舉其不卑。貧視其不取。

夷簡。關公之封金。亞夫之輕王郎。其一端可知其生平。而材品昭然若揭矣。

▲范文園傲相論

傲乃相中之最忌。貴人敗相。多由於傲。千罪百惡。皆從傲上來。如象之不仁。丹朱之不肖。未嘗言相惡。皆只是一傲。便結果一生。故子傲不孝。弟傲不悌。臣傲不忠。謙字乃傲字對症之藥。堯舜之臣。非但是外貌卑遜。而且身心相應。允恭克讓。而謙焉。得不到忠孝全名。又如周公見士。一飯三吐哺。一沐三握髮之謙敬。不傲慢人者。藏大器也。貧儒傲骨。固不可無。然傲而妄大。又不足取。且論相之法。大局看氣魄。小局看精神。大局之氣。喜然不變其神。不易其急。舉動如滄海之波瀾。漩漩而露。小局之器。舉動輕狂。作事淺露。妄恃才品為萬人杰。睥睨不可一世。且如班仲升之投筆。自有近功遠略之學問。又有虎頭燕頷之貴骨。故得揚眉吐氣也。今人但習其氣概。而無才量品行。奇神異骨。妄想學步超東。施效顰。不值知相者一

笑耳。

張蒼求許負相曰。我口不生齒恐防天壽負曰胎氣
所成又在次論蒼曰相經有云齒乃百骨之餘精壯
則堅衰弱則落可辨筋骨之盛衰可驗壽命之長短
我口不生一齒焉得有壽負曰相中雖取此爲壽然
而論人之壽尙有七法。一曰眉高二曰耳厚三曰年
壽豐滿四曰人中深闊五曰齒牙堅固六曰聲音遠
震七曰神氣充足通仙錄云有形不如有神祕訣云
論壽最要者心修心則壽自可延也故老子曰世所
難定者唯壽焉張蒼後爲首領時曾救九郡生靈事
後官至宰輔壽百歲時看子孫形相噬曰我爲顯官
數十年兒孫輩佔盡世間便宜今雖目擊五代形貌
一代鄙猥一代世德漸薄恐後不熾桓溫生未期
月溫嶠見之曰此兒伏犀骨三路貫入天梁邊城骨
週圍四起能載岳瀆有此奇骨可使試嗁之聞溫聲
謂伊父彝曰此子精氣神與聲音相應五山眞英物
也以溫嶠所賞識遂名曰溫及長果有丰槪目光如

電使人不敢仰視。自以雄姿似實帝劉琨之儔肆意
妄爲劉琨相之曰觀其眉如紫石稜鬚如蝟毛磔乃
孫仲謀司馬仲達之流但嫌其氣露不守神陷不收。
氣魄精神威儀藏露骨髮形局規模盡張所行傲妄
志大言大他日恐有減族之患書云有此炎炎英傑
之相便是傲大相亦當耳蓋傲富貴人尤忌小人之
傲其禍尙小大人之傲其禍更大公能斂之祿壽何
憂不彌遠乎溫後北伐還得一巧作老婢卽劉琨之
妓也見溫而泣溫問其故老婢對曰觀君面貌甚似
而威露形甚似恨太昂而不持重眼甚似恨神焰而
劉司空溫大喜更衣坐問之婢對曰觀君形貌甚似
無守眞鬢甚似恨有紅光而無紫彩聲甚似恨無條
音而直暴細察君相雖不及劉司空亦可作一極貴
之臣也溫裭冠解衣而怒曰大丈夫豈在人下後不
竟其志而滅。

論人質性忌乎傲然而浮躁淺露。與執滯沾戾者亦
忌凡人形體魁梧血不華色氣質暴戾若不遭刑於

中年恐當孤疾於暮歲蓋容貌者有形之道氣質者無形之道執拗卽惡氣之始而復張者也故相中最忌疾生於戾氣怒出於沾戾所以論性格氣質沾戾者多病而天氣清而神短者聰明而天氣昏而神寒者孤貧而天氣亂而神驚者凝疾而天氣浮而神奔者敗家而天氣暴而神泛者禍侵而天氣執而神戾者無子而天是故執拗浮躁一生之病根也

△▲古人觀相彙編

【陳摶相呂蒙正子姪】陳摶受麻衣教預能知人。太宗召見謂羣臣曰摶獨善其身不干勢利所謂方外之士也遣內使送至中書官舍宋琪呂蒙正延入問曰先生得玄嘿修養之道可以教人乎曰摶山野之人於世無用亦不知神仙黃白之事吐納養生之理非有方術可傳假令白日升天亦何益於世今主上龍顏秀異有天日之表達達古今深究治亂眞有道之聖主也正君臣協心同德興化致治之秋勤行修煉無出於此宋呂以語奏帝

卽賜號希夷先生蒙正以子姪扮僕求搏相搏曰、二子神骨秀異豈爲人下者蒙正以子姪實告搏曰觀君郎眉如刻畫眼如曉星翰苑品也觀君姪氣魄廣大眼有龍威必爲國柱後蒙正三居相以年老告歸仁宗問曰卿諸子孰可用對曰諸子雖爲翰林皆不足用惟姪夷簡職雖理刑氣度宏遠乃宰相才也帝遂命爲相

【袁天罡相婁師德】天罡相婁師德曰君方口博唇必是賢人後果爲相復問天罡曰是時羅織紛紜吾能善終否天罡曰觀君氣如秋雲色莊而溫者貌能拜相德能終相何憂耶仁傑頗輕師德師德雖知仁傑輕之實中容德並不以私廢公薦爲相太后問仁傑曰師德賢乎對曰臣嘗同寮未聞其知人也太后又問師德知人乎對曰臣嘗察未見其知人也太后曰朕用卿師德所荐亦可謂知人矣仁傑出朝嘆曰婁公盛德我不得窺其際也是時羅織紛紜久爲相宰能以功名終其身

【裴行儉相王楊盧駱】　王勃、楊炯、盧照鄰駱賓王、
皆有文名裴行儉曰士先器識而後文藝勃等雖
有文名浮躁淺露難成遠大之業惟炯稍沈靜應
得令長餘能令終為幸矣後果王勃溺南海照鄰
溺穎水賓王被誅惟炯得終盈川令行儉一言而
定四人之終身非行儉之有慧眼乃四子之無慧
性也

【李承之相王安石】　王安石為鄞令時李承之相
曰面美瑩潔乃清貴之器也但嫌豔汙其潔耳用
園夔洗之必去安石曰天生黑痣園夔其如予何
李退語人曰論安石器宇動作令人不可及但言
偽而辨行偽而堅心性執拗無通若居三公必誤
天下蒼生矣相中取富貴者不在骨格定在面貌
而今重在言語如何定人品位且如孔子觀文章
便知人精神聚散蔡中郎聽琴音便知其心帶殺
亦有觀洒掃進退知其興廢亦有觀行住坐臥知
其明心見性但論語言情態不能辨貴賤也

【許邵相曹操】　許邵一見曹操言語便決其為治
世之能臣亂世之奸雄夫面貌者相之表也言行
者相之裏也利人之言美如珠玉害人之言銳如
刀戟言狂者必敗名也言慈者保家之
相也言虛浮而不實者鮮克有終言慧而思奇者
直也才士也言慎色真淡泊寧靜其所遇不論窮
達安頓自然者有德君子也晉語奸深窮見事情
議論風發旁若無人者不可與交也恃才調而雄
辯矜誇倚富貴而驕慢傲妄者無論貌相英異骨
法瑩美無有不敗家名者也凡人生處有陰隲
相有全體不足以蓋一端有一端可以蓋全體者
論須合天心天倫為應廣鑑錄云相外更有十
成一日五岳齊二日六曜明三日笑語和靄四日
聲色深秀五日接對無偽六日行歷光明七日氣
度有容八日言忠行篤九日富貴不淫十日貧賤
樂於孝何愁功業不成

【一行禪師相郭子儀】　郭子儀初在行伍時李白

在哥舒翰座上見之曰此壯士眉長入鬢目光射
人面起重城鼙響隔山皆聞此乃形神骨力有餘
他日必烜極人臣時儀爲牙門將後建大功歷諸
道節度同太白出師過一行禪師求問終身師曰相
之士不相身面其貪亦同相雖取耳目口鼻與倉
庫額面關鎖之有情其意實在天性天倫配合者
爲重所以論面雖忌灘輪反勢鼻忌山斷嶺折目
忌赤陽反照眉忌間斷逆流粗硬立竪鬢忌毛短
反插海底蓬鬆至於行誼薄劣奸詭不正者皆爲
逆反不合之局主一生多成多敗觀子儀骨正直
而有陰陽言正直而有剛柔得天地相合視瞻穩
而聲音清體貌重而行步舒得天官相氣溫粹
而有光華色純淨而無瑕疵得天心相合識量多
而權亦重度量大而貌可親爲天機相合敬上下

而懷忠義愛百姓而足信行此爲天倫相合有此
合天之相一生凶災難入其身福壽永終矣後果
年將及百功高天下

【無名氏相直不疑】　直不疑爲郎官時因有償金
之德皆稱爲長者相者曰觀君面貌短促鬢髮渺
禿官卑而終困於貧觀君氣度器量足以蓋生平
之人品也不疑曰我嘗聞富貴窮通辨之以相何
以取器量耶曰面貌雖列百部之靈居然而性格
氣度可以定人之一生作用也面方耳大相貌全
之福無有容貌何足取哉且如鼻陶色如削瓜削瓜
者言其貌之嬌嫩而氣薄也論相主人夭壽無福
乃鼻陶身爲士師頤壽何也伊尹面無須、無須
麼者眉禿類言其疏也論相主爲人六親無情君
臣不合乃伊尹君臣一德何也傅說身如植鰭植
鰭者言其身如魚鰭植立無有下部也論相主爲
人無有牧成乃傅說子孫富貴何也此皆似孔子
論澹台滅明之相雖無君子之貌而有君子之德

不疑後果爲御史大夫。

【袁柳莊相徐輝祖】徐中山王長子輝祖問柳莊曰吾不欲承藉先廕自當創業可乎柳莊曰視君氣概嚴冷而剛介可取視君容體柔媚無威而氣驕視君之鼻有伏犀貫頂之嫌恐難定其功業輝祖曰論我家世料無刑險之患有何難定柳莊曰不然酒色財氣雖非相法實係相法敗倫喪節損名害命莫不由此而變態也惟古來有大力量者。能輕其財遠其色不嗜酒不使氣勞其筋骨餓其體膚乃創業器也輝祖曰論我體雖經霜雪之練似也論我鼻美中有不足之嫌恐未必然伏犀貫頂相家常許侯王之位如何言凶柳莊曰相家但知有伏犀貫頂之處不知有準空竅露之危相法與看地尋龍相似伏犀貫頂即天中發派之處鼻孔閟竅即來龍洩氣之所也輝祖曰予常見有鼻孔開露未見其凶何也柳莊曰相非一論其人必然額不高隆山根低狹來派不弘縱有飄泊之患

亦無大患有鼻梁貫頂準頭開露大忌然自有守眞神可以鎮不准其凶惟君之相雖有貫頂之貴忌乎竅露眼晦運交其位免禍爲幸後果坐獄死

【王戎品相山濤布衣】山濤布衣家貧謂妻韓氏曰忍飢寒我當作三公不知卿堪作夫人否韓氏每見竹林六友皆賢達有容不知何所重朝夕皆仰止於濤韓氏竊聽其談文論事方知其夫度量足以包容六人矣王戎品曰濤雖貧竇容姿態度澄澄絕俗可觀若登高山臨水幽然深遠眞大人相爲禮部時器宇不更仍然與未達時無異後爲吏部尚書猶如一未渴書生此種器量未易識也韓氏預能品識濤器量在六人之上可知古人作歌器者中則正滿則覆且如羅隱一言而傷天地之和貴骨靈易功名限於其器者也故相人雖論五官成六府就者爲厚而有福然亦當察其形之厚薄而定相之厚薄也情薄易坦桶薄易裂人薄易敗理之必然也有等未至高位預作富貴性實

浮華揚為沈重妄矜才智倨傲尊長乃薄相也喜
近匪人擯遠有德多愛難事易悅亦薄相也
意趣迫促窮見事情聞過輙喜輕忘人恩羞貧賤
交輕變鄉土語音破相也如張彥澤之異表英眸
形是吉而向凶乃凶也滄臺滅明之目爆齒張形
是凶而趨吉乃吉也故觀相必須識其形察其變
豈可妄下斷語耶

【一行禪師相裴度】師謂中立（裴度字）曰相汝
眼光浮外縱紋入口須防餓死度一日游香山寺
邊婦人三帶之德復遇一行師曰汝位必三公矣
度笑曰一月前相我當餓死一月後相我云位必
三公師曰但汝之面須防餓死相汝之心還當極
貴度曰但見有相面者未聞有相心者師曰七尺
之軀不如一尺之面一尺之面不如三寸之鼻三
寸之鼻又不如一點之心度曰人之心如何相之
師曰要知天上意須在雲中取要知心裏事須辨
眼中神汝積陰隲（陰隲論見後）猶如耳鳴惟

【司馬德操相關羽】關夫子相得清奇古怪四大
威儀正氣神光滿面丹鳳之眼細長而內含真彩
清之正也臥蠶之眉五道飄拂及腹之鬚奇之正
也五岳隆起四水歸源古之正也面赤氣清神藏
威露怪之正也司馬德操相曰觀公兩目真光英
氣逼人當建非常功業千百年後與天地並立徐
庶在旁問曰目中有真何以定千百年之事答
曰真之本源乃得之於五臟六腑之精華發於
目者為真卽慧眼佛眼天眼之靈光也得此其福
位則鬼神不能移聖智莫能易也望之氣揚四座
威鑠八方寵辱不驚其神喜怒不觸其色真如青
天白日光明正大令人可親可畏為人必全忠義

何也蓋形以七尺爲期貌合兩儀而論五形爲外
剛柔喜怒跳伏爲內剛柔五行之治在天爲金木
水火土在人爲心肝脾肺腎外爲耳目口鼻舌發
爲仁義禮智信具此五德配五行之相上之爲聖
賢爲神明次之爲大臣爲名臣無不可見也

【范仲淹之相】　仲淹爲秀才時便以天下爲己任
相者曰眉濃伏彩目秀貫形鼻直而蘭廷輔正爲
人忠正厚德觀君目中有眞氣魄有光英偉端大
剛介莊嚴不過一清廉之貴質觀君容顏奇妙威
德自在內秉聖德如見神姿眞賢相也故爲官清
正不以子孫爲計以天下之憂樂爲憂樂史臣斷
其孝悌滿鄉黨忠義滿朝廷事業滿邊隅功名滿
天下

【唐舉相孟嘗君】　春秋四公子皆以得人稱而田
文尤著生於五月五日其父靖郭君惡其有刑剋
十歲時唐舉一見奇焉其父曰此兒形貌不逾中
人豈堪負荷吾家堂構舉曰此子目彩五輝有望

營天下之色必當開基立業豈止承襲先蔭更取
其面部得其地勢常有賢士其業曰言其相
貴則有之何由知有共事之人舉曰論相取各各
輔佐朝供爲助有等身雄而手足不稱目威而倉
骨顴欹鼻端而眉散傾斷口大而鬚單斜皆主
孤立無助也我禮公子眉助三台口通四瀆鼻正
土厚山高瑩光氣之靈乃主朋友君臣皆可以
相得之益故知其材量質性足以寵罩一世容納
四國便非凡人可及後孟嘗果封國君舉至嘗曰
君言固驗於昔今觀吾食客三千誰應君相舉曰
諸客雖各有才技獨取馮驩精神意氣乃純正義
俠之質也當曰驩以貧窶無能爲下客每聞其彈
鋏之歌我亦疑之舉曰我視其胸次落落有勇敢
之氣在貧不以爲羞得志不以爲怪行人之所難
行爲人之不爲可爲君之良佐也及嘗罷相遂託驩收
債於薛驩盡焚其券市義而歸
民扶老攜幼迎候道左嘗顧謂驩曰先生所爲市

【鬼谷相孫臏】

義乃今日見之因此孟嘗君名聞諸侯久相齊國

孫臏拜鬼谷爲師一日在山谷中
談道師忽見臏上六氣皆泛紅氣如晚霞映水之
色黑氣如烏鳥集林之象師驚曰黑紅之氣纏於
岳瀆此爲珠玉陷於泥中主身陷囚獄傷命之難
臏曰弟子在幽谷中至心樂身安養性修心有何
凶氣焰於面耶師云不然唯氣色朝出於面暮歸
於肺非論人憂患而成凶亦非論人安靜而成吉
凡氣色之本源乃由心脾腎五臟而發靑黃赤
白黑五色而焰其狀大小不一或現
五彩或焰三光或如浮雲或如飛鳥靑色主憂驚
赤色主血光口舌白主折傷孝服黑主牢獄死亡
黃色主吉慶紫色主降天祿問云五色之中獨
取黃紫爲吉者何也師曰黃色乃胎養之氣四季
各旺十八日故爲吉慶紫色乃五臟中之精華五
色中之彩色故降天祿臏拜求脫難之法師細察
其面指曰看汝六氣雖然浮沈未定眼有守神亦

無大凶臏問云吉凶旣論氣色爲主如何又論眼
神師云凡人面上黑氣如愁雲四起眼有神光而
安靜縱有災難無傷於命此便爲神能留氣面上
氣色雖見光明華彩神泛睛浮縱有小吉其凶速
至此便爲氣不能留神故人有氣無色者未能驟
發有色無氣者發而不久也

【鉗徒相衛靑】

衛靑受刑於獄鉗徒相曰觀汝國
印氣焰於官祿卽堂十日內必然恩救而得祿靑
嘆曰得脫刑戮之難足矣何敢望祿鉗徒曰唐符
國卽定來因紫赤名符黃紫印求名必解官陞職
刑徒將戮敕來恩靑問曰我在獄憂心切切焉得
有喜色形於面貌耶鉗徒曰氣色者有天機自動
之妙非論人憂樂而成美惡之色也凡人安靜時
鼻準上如緩血猪肝之色一年內飛災與損丁驟
至患難時五山之頂新開嫩黃色內紫氣輝煌百
日內身受皇恩靑問何也鉗徒曰氣色之性得天
地造化轉動之機而變化者也故禍福未至其氣

先行青徵未能生譁。由氣先孳也。今觀君印堂中氣色如月破重雲之
象喜逢險地愈見奇祥。又見帝座上黃光中起一
層之色。此便爲國印紫氣數日內必然福集禍消。
果不出旬日遇大赦後立大功封長平侯。

　　附右髻道人陰隲祕論

陰隲之理懷天地五常之性抱陰陽兩氣之靈通於
肺腑之間先察三十六宮(三十六宮部位俱在面
上而左眼下爲陰隲宮陰隲紋現必主見孫富貴陰
隲紋卽三陰三陽之處光明不枯陷而繞黃紫氣者
方是)陰隲出入之神露辨部位合其格而天性合其
情而用乘除加折之法吉凶無遺矣耳目口鼻乃相
貌中之先天氣魄精神乃相貌中之後天陰隲紋乃
心田中之靈苗能挽回人之造化而逢凶化吉者也。
呂尙無形篇曰 未觀相貌先相心無相從
心生有相無心相從心滅心者有形而無質居于形
體之內不可得而見也其可見者莫良半眸子眸子

不能掩其惡故心欲善人事雖未舉其眼先露狼威
而心轉惡心欲救入口雖未言其眼先現青蓮而睛
定光古云論目神雖窩心之外表然而視人氣色亦
可以辨其心也故有忠義心正直心者自有一種
和藹吉之氣有慈悲心忍辱心者自有一種祥
蕭之氣有貪嗔心癡迷心者自有一種陰霾暗昧之
氣陰隲紋不能長現於面有紋必有氣而有色觀者
須於人事未接鷄聲唱曉時用燭光照之可見或在
大喜時隨時發現或在大怒時隨氣顯露或位天清
月皎而發明或遇蕭雷震地而吐光則善惡必露禍
福速至矣太乙眞人曰積善雖無人見陰隲透出天
機何知其人天賜祿堂紅潤四倉明何知其人天
降災三天黑霧命宮青(三天指天中天府天門也)
何知其人絕處生眉重重生髮紺靑何
增目晦重明籲得神何知其人死速至肥肉靑浮黑
瘦枯呂祖曰善惡雖觀外形而合內表可鑑如存心
陰德者其神靜而安藏使心用計者其神怒而睛耗

形爲心役者病事爲心役者敗心爲神役者姦神爲
心役者亡如陰隲紋科名星國印氣三者乃積德相
之先兆也眼下蠶肉烏靑眼內光散神離三堂（印
堂與左右耳前玉堂也）氣暗色昧者乃作孽相之
預兆也科名星乃肉中隱藏一股精華如珠發現之
氣也國印氣乃內黃而外紫鋒鋩碧耀如光呑萬象
之色也若慘刻立威而損行昧心作孽而喪心者黑
毒氣先從眼內冲出繞定於三天盤結於年壽猶如
轟雷未震之象必犯天怒而有遺災遭禍之厄吁吉
凶定矣富貴昭然相在心田拘泥于陰隲變相論篇
之說猶在於形相之外也

編號	書名	作者	說明
148	《人相學之新研究》《看相偶述》合刊	盧毅安	集中外大成，無不奇驗；影響近代香港相術名著
149	冰鑑集		各家相法精華、相術捷徑，圖文並茂附名人照片
150	《現代人相百面觀》《相人新法》合刊	【民國】吳道子輯	失傳民初相學經典二種 重現人間！
151	性相論	【民國】余晉龢	民初北平公安局專論相學與犯罪專著（犯罪學生物學派）
152	《相法講義》《相理秘旨》合刊	韋千里、孟瘦梅	命理學大家韋千里經典、傳統相術秘籍精華
153	《掌形哲學》附《世界名人掌形》《小傳》	【民國】余萍客	圖文并茂、附歐美名人掌形圖及生平簡介
154	觀察術	【民國】吳貴長	可補充傳統相術之不足
堪輿類			
155	羅經消納正宗	【明】沈昇撰、【明】史自成、丁孟章合纂	失傳四庫存目珍稀風水古籍
156	安溪地話（風水正原二集）	【清】余天藻	積德為求地之本，形家必讀！
157	風水正原	【清】余天藻	●●純宗形家，與清代欽天監地理風水主張大致相同
158	《蔣子挨星圖》附《玉鑰匙》	傳【清】蔣大鴻等	窺知無常派章仲山一脈真傳奧秘
159	樓宇寶鑑	吳師青	現代城市樓宇風水看法改革
160	《香港山脈形勢論》《如何應用日景羅經》合刊		香港風水山脈形勢專著
161	三元真諦稿本——讀地理辨正指南	【民國】王元極	被譽為蔣大鴻、章仲山後第一人
162	三元陽宅萃篇	【清】高守中 【民國】王元極	陽宅風水必讀
163	王元極增批地理冰海 附 批點原本地理冰海	【清】唐南雅	本及批點本、畫龍點晴、披肝露膽，道中刊印本未點破的秘訣
164	地理辨正發微	【清】沈竹礽	玄空必讀經典！披肝露膽
165–167	增廣沈氏玄空學 附 仲山宅斷秘繪稿本三種、自得齋地理叢說稿鈔	【清】尹一勺原著、【民國】何廷珊增訂、批注	極之清楚明白，附《仲山宅斷》幾種鈔
168–169	巒頭指迷（上）（下）	【清】趙文鳴	變：龍、砂、穴、水、星辰九十九
170–171	三元地理真傳（兩種）（上）（下）		法浅漏天機：蔣大鴻、賴布衣挨星秘訣及用
172	三元宅墓圖 附 家傳秘冊	【民國】尤惜陰（演本法師）、榮柏雲	
173	宅運撮要		撮三集《宅運新案》之精要
174	章仲山秘傳玄空斷驗筆記 附 章仲山斷宅圖註	【清】章仲山傳、【清】唐鷺亭纂	蔣大鴻嫡派真傳張仲馨一脈二十種家傳秘本，宅墓案例三十八圖，並附天星擇日
175	汪氏地理辨正發微 附 地理辨正真本	【清】汪云吾發微	無常派玄空不外傳秘中秘！二宅實例有斷驗及改造內容
176	蔣大鴻家傳歸厚錄汪氏圖解	【清】蔣大鴻、姜垚原著、【清】汪云吾圖解	蔣大鴻嫡派張仲馨一脈三元理、法、訣具體泄露
177	蔣大鴻嫡傳三元地理秘書十一種批注	【清】汪云吾、【清】蔣大鴻原著、【清】劉樂山註	三百年來最佳《地理辨正》註解！石破天驚！

編號	書名	作者	提要
178	《星氣（卦）通義（蔣大鴻秘本四十八局圖并打劫法）》《天驚秘訣》合刊	題【清】蔣大鴻 著	江西興國真傳三元風水秘本
179	蔣大鴻嫡傳天心相宅秘訣全圖附陽宅指南等秘書五種	【清】蔣大鴻編訂、【清】汪云吾、劉樂山註	蔣大鴻徒張仲馨秘傳陽宅風水「教科書」！真天宮之秘，千金不易之寶
180	家傳三元地理秘書十三種	【清】章仲山註	蔣大鴻——玄空挨星真訣公開！字字千金！
181	章仲山門內秘傳《堪輿奇書》附《天心正運》	【清】章仲山傳	直浅無常派章仲山玄空風水不傳之秘中秘！
182	《挨星金口訣》、《王元極增批補圖七十二葬法訂本》合刊	【民國】王元極	
183–184	《家傳三元古今名墓圖集附謝氏水鉗》《蔣氏三元名墓圖集》合刊	（清）孫景堂、劉樂山、張稼夫	蔣大鴻嫡傳風水宅案、幕講師、姜垚等名家多個實例，破禁公開！
185–186	《山洋指迷》足本兩種 附《尋龍歌》（上）（下）	【明】周景一	風水巒頭形家必讀《山洋指迷》足本！
187–196	蔣大鴻嫡傳水龍經注解 附 虛白廬藏珍本水龍經四種（1–10）	【清】蔣大鴻編訂、【清】楊臥雲、汪云吾、劉樂山註	千年以來，師師相授之秘旨，破禁公開！完整了解蔣氏嫡派真傳一脈三元理、法、訣
197	批注地理辨正直解	【清】蔣大鴻原著、【清】章仲山直解	蔣大鴻嫡派張仲馨一脈授徒秘笈 希世之寶 附已知最古《水龍經》鈔本等五種稀見
198	《天元五歌闡義》附《元空秘旨》（清刻原本）	【清】章仲山	無常派玄空必讀經典未刪改本！
199	心眼指要（清刻原本）	【清】章仲山	
200	華氏天心正運	【清】華湛恩	
201–202	批注地理辨正再辨直解合編（上）（下）	【清】蔣大鴻原著、【清】章仲山直解、【清】姚銘三再註	失傳姚銘三玄空經典重現人間！名家：沈竹礽、王元極推薦！
203	章仲山注《玄機賦》《元空秘旨》附《口訣中秘訣》《因象求義》等	【清】章仲山	近三百年來首次公開！章仲山無常派玄空秘密，和盤托出！《玄機賦》及章仲山原傳之口訣及筆記
204	章仲山門內真傳《三元九運挨星篇》《運用篇》《挨星定局篇》《口訣篇》等合刊	【清】章仲山、柯遠峰等	近三百年來首次公開！章仲山無常派玄空秘密，及章仲山原傳之口訣及筆記
205	章仲山門內真傳《大玄空秘圖訣》《天驚訣》《飛星要訣》《九星斷》《得益錄》等合刊	【清】章仲山、冬園子等	
206	撼龍經真義	吳師青註	近代香港名家吳師青必讀經典
207	章仲山嫡傳《翻卦挨星圖》《秘鈔元空秘旨》附《秘鈔天元五歌闡義》	【清】章仲山傳、【清】王介如輯	透露章仲山家傳玄空嫡傳學習次弟及關鍵 不傳之秘
208	章仲山嫡傳秘鈔《秘圖》《節錄心眼指要》合刊	【清】章仲山傳	史上首次公開「無常派」下卦起星挨星等秘密 秘密之書
209	《談氏三元地理大玄空實驗》附《談養吾秘稿奇門占驗》	【民國】談養吾撰	了解談氏入世的易學卦德象思想
210	《談氏三元地理濟世淺言》附《打開一條生路》	【民國】談養吾撰	
211–215	《地理辨正集註》附《六法金鎖秘》《巒頭指迷真詮》《作法雜綴》等（1–5）	【清】尋緣居士	集《地理辨正》一百零八家註解大成精華 史上最大篇幅的《地理辨正》註解
216	三元大玄空地理二宅實驗（足本修正版）	【民國】尤惜陰（演本法師）、榮柏雲撰	三元玄空無常派必讀經典足本修正版